本书出版获得中国社会科学院大学中央高校基本科研业务费资助支持！

本书为国家社科基金项目"中国现代文学早期英译与国家形象建构研究（1919-1949）"（批准号：22CZW045）阶段性成果。

中国社会科学院大学文库

世界视野中的中国叙事

《天下月刊》中国现代文学英译研究

刘月悦 著

中国社会科学出版社

图书在版编目（CIP）数据

世界视野中的中国叙事：《天下月刊》中国现代文学英译研究／刘月悦著．—— 北京：中国社会科学出版社，2024.10．——（中国社会科学院大学文库）．—— ISBN 978-7-5227-4216-8

Ⅰ.G239.296；H315.9

中国国家版本馆 CIP 数据核字第 2024XP4711 号

出 版 人	赵剑英
责任编辑	郭晓鸿
特约编辑	杜若佳
责任校对	杨　林
责任印制	戴　宽

出　版	中国社会科学出版社
社　址	北京鼓楼西大街甲158号
邮　编	100720
网　址	http://www.csspw.cn
发行部	010-84083685
门市部	010-84029450
经　销	新华书店及其他书店
印　刷	北京明恒达印务有限公司
装　订	廊坊市广阳区广增装订厂
版　次	2024年10月第1版
印　次	2024年10月第1次印刷
开　本	710×1000　1/16
印　张	13.75
插　页	2
字　数	175千字
定　价	76.00元

凡购买中国社会科学出版社图书，如有质量问题请与本社营销中心联系调换
电话：010-84083683
版权所有　侵权必究

"中国社会科学院大学文库"
总　序

  恩格斯说："一个民族要想站在科学的最高峰，就一刻也不能没有理论思维。"人类社会每一次重大跃进，人类文明每一次重大发展，都离不开哲学社会科学的知识变革和思想先导。中国特色社会主义进入新时代，党中央提出"加快构建中国特色哲学社会科学学科体系、学术体系、话语体系"的重大论断与战略任务。可以说，新时代对哲学社会科学知识和优秀人才的需要比以往任何时候都更为迫切，建设中国特色社会主义一流文科大学的愿望也比以往任何时候都更为强烈。身处这样一个伟大时代，因应这样一种战略机遇，2017年5月，中国社会科学院大学以中国社会科学院研究生院为基础正式创建。学校依托中国社会科学院建设发展，基础雄厚、实力斐然。中国社会科学院是党中央直接领导、国务院直属的中国哲学社会科学研究的最高学术机构和综合研究中心，新时期党中央对其定位是马克思主义的坚强阵地、党中央国务院重要的思想库和智囊团、中国哲学社会科学研究的最高殿堂。使命召唤担当，方向引领未来。建校以来，中国社会科学院大学聚焦"为党育人、为国育才"这一党之大计、国之大计，坚持党对高校的全面领导，坚持社会主义办学方向，坚持扎根中国大地办大学，依托社科院强大的学科优势和学术队伍优势，以大院制改革为抓手，实施研究所全面支持大学建设发展的融合战略，优进优出、一池活水，优势互补、使命共担，形成中国社会科学院办学优势与特色。学校始终把立德树人作为立身之本，把思想政治工作摆在突出位置，坚持科教融合、强化内涵发展，在人才培养、科学研究、社会服务、文化传承创新、国际交流合作等方面不断开拓创新，为争创"双一流"大学打下坚实基础，积淀了先进的发展经验，呈现出蓬勃的发展态势，成就了今天享誉国内的"社科大"品牌。"中国社会科学院大学文库"就是学校倾力打造的学术品牌，如果将学校之前的学术研究、学术出版比作一道道清澈的溪流，"中国社会科学院大学文库"的推出可谓厚积薄发、百川归海，恰逢其时、意义深远。为其作序，我深感荣幸和骄傲。

  高校处于科技第一生产力、人才第一资源、创新第一动力的结合点，是新时代繁荣发展哲学社会科学，建设中国特色哲学社会科学创新体系的重要组成部分。我校建校基础中国社会科学院研究生院是我国第一所人文社会科学研究生院，是我国最高层次的哲学社会科学人才培养基地。周扬、温济泽、胡绳、江流、浦山、方克立、李铁映等一大批曾经在研究生院任职任教的名家大师，坚持运用马克思主义开展哲学社会科学的教学与研究，产出了一大批对文化积累和学科建设具有重大意义、在国内外产生重大影响、能够代表国家水准的重大研究成果，培养了一大批政治可靠、作风过硬、理论深厚、学术精湛的哲学社会科学高端人才，为我国哲学社会科学发展进行了开拓性努力。秉承这一传统，依托中国社会科学院哲学社会科学人才资源丰富、学科门类齐全、基础研究优势明显、国际学术交流活跃的优势，我校把积极推进哲学社会科学基础理论研究和创新，努力建设既体现时代精神又具有鲜明中国特色的哲学社会科学学科体系、学术体系、话语体系作为矢志不渝的追求和义不容辞的责任。以"双一流"和"新文科"建设为抓手，启动实施重大学术创新平台支持计划、创新研究项目支持计划、教育管理科学研究支持计划、科研奖励支持计划等一系列教学科研战略支持计划，全力抓好"大平台、大团队、大项目、大成果"等"四大"建设，坚持正确的政治方向、学术导向和价值取向，把政治要求、意识形态纪律作为首要标准，贯穿选题设计、科研立项、项目研究、成果运用全过程，以高度的文化自觉和坚定的文化自信，围绕重大理论和实践问题展开深入研究，不断推进知识创新、理论创新、方法创新，不断推出有思想含量、理论分量和话语质量的学术、教材和思政研究成果。"中国社会科学院大学文库"正是对这种历史底蕴和学术精神的传承与发展，更是新时代我校"双一流"建设、科学研究、教育教学改革和思政工作创新发展的集中展示与推介，是学校打造学术精品、彰显中国气派的生动实践。

"中国社会科学院大学文库"按照成果性质分为"学术研究系列""教材系列""思政研究系列"三大系列，并在此分类下根据学科建设和人才培养的需求建立相应的引导主题。"学术研究系列"旨在以理论研究创新为基础，在学术命题、学术思想、学术观点、学术话语上聚焦聚力，推出集大成的引领性、时代性和原创性的高层次成果。"教材系列"旨在服务国家教材建设重大战略，推出适应中国特色社会主义发展要求、立足学术和教学前沿、体现社科院和社科大优势与特色、辐射本硕博各个层次、涵盖纸质和数字化等多种载体的系列课程教材。"思政研究系列"旨在聚焦重大理论问题、工作探索、实践经验等领域，推出一批思想政治教育领域具有影响力的理论和实践研究成果。文库将借助与社会科学文献出版社的战略合作，加大高层次成果的产出与传播。既突出学术研究的理论性、学术性和创新性，推出新时代哲学社会科学研究、教材编写和思政研究的最新理论成果；又注重引导围绕国家重大战略需求开展前瞻性、针对性、储备性政策研究，推出既通"天线"又接"地气"，能有效发挥思想库、智囊团作用的智库研究成果。文库坚持"方向性、开放式、高水平"的建设理念，以马克思主义为领航，严把学术出版的政治方向关、价值取向关、学术安全关和学术质量关。入选文库的作者，既有德高望重的学部委员、著名学者，又有成果丰硕、担当中坚的学术带头人，更有崭露头角的"青椒"新秀；既以我校专职教师为主体，也包括受聘学校特聘教授、岗位教师的社科院研究人员。我们力争通过文库的分批、分类持续推出，打通全方位、全领域、全要素的高水平哲学社会科学创新成果的转化与输出渠道，集中展示、持续推广、广泛传播学校科学研究、教材建设和思政工作创新发展的最新成果与精品力作，力争高原之上起高峰，以高水平的科研成果支撑高质量人才培养，服务新时代中国特色哲学社会科学"三大体系"建设。

历史表明，社会大变革的时代，一定是哲学社会科学大发展的时代。当代中国正经历着我国历史上最为广泛而深刻的社会变革，也正在进行着人类历史上最为宏大而独特的实践创新。这种前无古人的伟大实践，必将给理论创造、学术繁荣提供强大动力和广阔空间。我们深知，科学研究是永无止境的事业，学科建设与发展、理论探索和创新、人才培养及教育绝非朝夕之事，需要在接续奋斗中担当新作为、创造新辉煌。未来已来，将至已至。我校将以"中国社会科学院大学文库"建设为契机，充分发挥中国特色社会主义教育的育人优势，实施以育人育才为中心的哲学社会科学教学与研究整体发展战略，传承中国社会科学院深厚的哲学社会科学研究底蕴和40多年的研究生高端人才培养经验，秉承"笃学慎思明辨尚行"的校训精神,积极推动社科大教育与社科院科研深度融合,坚持以马克思主义为指导,坚持把论文写在大地上,坚持不忘本来、吸收外来、面向未来,深入研究和回答新时代面临的重大理论问题、重大现实问题和重大实践问题,立志做大学问、做真学问,以清醒的理论自觉、坚定的学术自信、科学的思维方法,积极为党和人民述学立论、育人育才,致力于产出高显示度、集大成的引领性和标志性原创成果,倾心于培养又红又专、德才兼备、全面发展的哲学社会科学高精尖人才,自觉担负起历史赋予的光荣使命,为推进新时代哲学社会科学教学与研究,创新中国特色、中国风骨、中国气派的哲学社会科学学科体系、学术体系、话语体系贡献社科大的一份力量。

(张政文　中国社会科学院大学党委常务副书记、校长、中国社会科学院研究生院副院长、教授、博士生导师)

目　录

小　序 …………………………………………………（1）

第一章　绪论 ………………………………………（1）
　第一节　《天下月刊》研究现状 ……………………（3）
　第二节　选题意义与研究思路 ………………………（9）

第二章　《天下月刊》的创办及概况 ……………（13）
　第一节　《天下月刊》的基本情况 …………………（13）
　第二节　《天下月刊》与其支持及发行机构 ………（29）
　第三节　《天下月刊》的编辑与撰稿人群体 ………（40）
　第四节　《天下月刊》与上海中办英文报刊共同体 ………（61）

**第三章　《天下月刊》之前中国现代文学
　　　　　在欧美的译介状况** ………………………（70）

第四章　《天下月刊》的现代文学译介情况 ……（80）
　第一节　《天下月刊》的文化立场与现代文学译介 ………（81）
　第二节　《天下月刊》译介中国现代文学作品概况 ………（90）

· 1 ·

第五章 《天下月刊》所刊现代文学相关年记和论文 ………（98）
　第一节　反映战争对文学影响的文学年记 …………（99）
　第二节　立体展现现代戏剧发展的戏剧年记 ………（102）
　第三节　反映外来影响与政治化转变的诗歌年记 …（108）
　第四节　反映电影发展困难的电影年记 ……………（114）
　第五节　哈罗德·阿克顿的《中国现代文学的
　　　　　创造精神》………………………………………（118）

第六章 《天下月刊》译介中国现代文学的重要案例 ………（126）
　第一节　《天下月刊》对鲁迅的译介…………………（126）
　第二节　《天下月刊》对曹禺《雷雨》的译介 ………（143）
　第三节　《天下月刊》对沈从文《边城》的译介 ……（156）
　第四节　《天下月刊》、凌叔华与布鲁姆斯伯里文化圈 ……（171）
　第五节　《天下月刊》的白话新诗译介………………（187）

第七章　结语及余论 ……………………………………（196）

参考文献 …………………………………………………（201）

小 序

赵稀方

我的学生中，领域基本上分为两大派：一是做翻译研究的，二是做香港文学研究的。做翻译研究的学生，基本上都是做外译汉。记得在《翻译与现代中国》的"自序"中，我提到过希望终有一天能积点成面，把翻译史的主要部分都能覆盖到。月悦是唯一做汉译外，并且做现代文学研究的。当然，月悦是博士后，严格说不是学生，我只是合作导师。

她开始告诉我要做《天下月刊》，我是很担心的，这个题目对她构成了双重挑战。首先，做这个题目对外语水准要求很高，《天下月刊》是英文刊物，研究需要外语自不待言，相关《天下月刊》的研究成果，都出自外文系学者的笔下。月悦本科、硕士和博士念的都是北大中文系，没有出过国，相信她的外语不错，但要好到能够研究外文刊物，谈何容易。无疑，月悦选择了自讨苦吃，但她的选择是正确的，外语与其他知识不同，唯有把它当工具用，才会越来越熟练。其次，月悦选择做《天下月刊》的现代文学研究，这对她来说也是一个挑战。月悦是北大陈晓明教授的博士，治当代文学，中国现当代文学虽不分家，但毕竟有重点的不同，她不得不重新阅读现代文学的文献材料。不过，话又说回来，博士后仍在学术训练阶段，扩大专业知识的范围能够使自己以后的视域更宽。自我挑战是有收获的，如今经过几年苦学，月悦的外语算是日积月累磨炼出来了，现代文学的训练也有了基础，当然翻译研究的训练目标也达到了。

中国现代文学学科有长期的积累，研究很深厚，不过一旦跳出学科本身，却很容易看到它的位置，从而在方法上加以反思。从《天下月刊》观察中国现代文学史，第一个感受就是它叙事的独特位置。我们的中国现代文学研究，大致经历了从"阶级"叙事到"启蒙"叙事两种形态。"阶级"叙事的参照是国内其他阶级，无产阶级文学针对的就是资产阶级或剥削阶级，文学成为阶级斗争的工具；"启蒙"叙事参照的是"传统"，希望借助于西方营造"现代性"，以摆脱过去。《天下月刊》给我们提供了一种新的叙事方法，即从"民族"的角度建构中国现代文学，它的参照是世界其他民族，目的是在世界的格局中形塑中国现代文学的形象。

如书中所述，《天下月刊》是由孙中山之子孙科主持的中山文教馆资助创办的，以宣传中国、沟通中西文化为己任。创办者和作者队伍，均是精通中西文化的饱学之士，如主编温源宁，执行主编吴经熊，编辑全增嘏、林语堂、姚莘农、叶秋原等。这批学者，现代文学研究者多不熟悉，即使涉及，也习惯从阶级论出发将其视为资产阶级文人。《天下月刊》却并没有阶级意识，而是从民族国家的立场出发。他们客观地介绍中国文化，不仅介绍古代文学，同样介绍不为西方汉学家所喜欢的"五四"新文学。在新文学中，他们力求全面，左中右全部包括，如翻译介绍最多的是鲁迅、凌叔华和沈从文。有趣的是，他们唯一忽略的是现代主义，20世纪30年代风头正劲的上海新感觉派，并不为他们所注意。原因很简单，现代主义是对西方文学的模仿，在他们看来不足以代表中国。他们所在意的，是中国在世界的形象，力图通过翻译介绍、澄清中国的东方主义形象。

不同的文学史建构侧重于不同的方向。启蒙论述恰恰看重的是现代主义，是"现代性"的增强，正如阶级论述侧重阶级反抗，强调无产阶级文学一样。如此，我们就看到了时下中国现代文学史论述的历史虚构性质。教科书历来被迷信为"客观公正"，但其实其"客观"与"公正"都是要打引号的，它们自有其叙述立场。认识到这一点，并不容易。如此，我们何妨多几种文学史叙述，如民族角度的文学史，女性角度的文学史，自由主义角度的文学史，等等，是不是都可以写出来？

月悦很注意对《天下月刊》的文化立场进行深入分析，这正是一个中文系学者的长处。她对有关鲁迅、曹禺、沈从文、凌叔华和白话新诗的译介，都进行了中肯的分析。20世纪30年代鲁迅正在被通缉之中，是国民党眼里的"堕落文人"，不过这并没有影响《天下月刊》对他的译介，可见其立场与国民党官方是有差别的。不过，《天下月刊》对鲁迅的译介，并没有选择"反封建"的《狂人日记》，也没有选择"改造国民性"的《阿Q正传》，而是选择了《怀旧》《伤逝》《孤独者》，这个篇目大可玩味，正可以施展翻译文化学派的分析方法。月悦在文中尝试进行了分析，其中还涉及《天下月刊》翻译发表的有关鲁迅的两篇论文，显现出外国人乃至《天下月刊》自身的文化立场的冲突、妥协等曲折微妙之处。另外，书中对"《天下月刊》—凌叔华—朱利安·贝尔—布鲁姆斯伯里文化圈"的关系，也进行了介绍分析。有关于鲁姆斯伯里文化圈，学界并不是第一次介绍，不过月悦经由翻译来分析中西方话语权之争，还是颇为新颖的，让人耳目一新。

从当代文学、现代文学进入翻译研究，月悦的这种跨学科实践，不知道是不是受到了我的"不良影响"。传统治学都强调盯住一个点，用力挖下去，可能一辈子就盯住一个方向。跨学科却要求学者有多方面的知识储备，并且可能浮光掠影，什么都做不好。我觉得学科的壁垒越来越深，正需要有人打破，月悦做了一次成功的尝试。

是为序。

第一章　绪论

20世纪上半叶，中国文学开始了现代化的进程。这一时期的中国文学受西方影响极大，是一个"输入"远远大于"输出"的年代。自1899年林纾翻译《巴黎茶花女遗事》开始，外国文学在中国的翻译开始风行，而"五四"新文学的主将们，多曾以极大的热情和努力，做过将外国文学作品翻译到中国、介绍给中国读者的工作。但是，文化的交流从来不是单向的，虽然与将西方文学翻译到中国来的滚滚洪流相比，此时中国文学外译的工作只能算是涓涓细流，但即便是在20世纪上半叶这一中国处于相当弱势的地位、中国文化面对西方文化很不自信的世界格局中，让中国文化和文学"逆流而上"地走出国门、走向世界的努力也始终绵绵不绝。

外国文学在中国的引入和影响广为人知，近年来也颇为研究者所关注。然而，对于现代文学时期（1919—1949）内中国文学的输出，则鲜有研究者了解和问津。有论者言："在许多人眼里，一部中国现代文学史几乎就是一部'翻译过来的'文学史，国外的，特别是来自西方的影响十分明显。但是当我们反思文学和文化翻译所取得的巨大成就时，不禁会感到某种遗憾：在大规模地将国外的，特别是西方的学术思想和文学作品译成中文时，我们却很少将中国自己的文化理论和文学作品翻译成主要的世界性语言。"① 因此，《天下月刊》特别值得我们关注。《天下月刊》从创刊到1941年太平洋战争爆发后被迫停刊，共发行56期。作为第一本由中国人独立创办并主持的全英文思想文化类刊物，在刊物存续期间，借助其发行机构别发洋行广泛强大的发行网络，《天下月刊》持续、有效地向西方介绍中国文化和中国文学。尤其值得注意的是，《天下月刊》不仅译介西方社会更感兴趣的中国传统文化和古典文学，还花费了相当大的精力，介绍和翻译西方当时很少注意的中国现代文学作家和作品。

在《天下月刊》之前，这一领域的译介零散而不成系统，如埃德加·斯诺（Edgar Snow）所言，几乎是一种缺席的状态："重要的现代中国长篇小说一本也没有译过来，短篇小说也只译了几篇，不显眼地登在一些寿命很短的或者读者寥寥无几的宗派刊物上。以上是一九三一年的事。"② 因此，《天下月刊》的中国现代文学译介，可以说是中国现代文学第一次大规模的译介活动。本书运用译介学、翻译文化学、文化研究等研究方法与理论，将《天下月刊》的现代文学译介活动作为一种跨文化传播行为进行考察，深入探讨影响这一时期现代文学译介的内外部因素，以及这些译介活动所体现出的主体性、民族性、现代性、历史贡献与文化价值。本书对《天下月刊》的现代文学译介活动进行了全面梳理和深入分析，一方面，希望能够还原这一译介活动的样貌，将其在翻译史、文学史中的地位呈现出来，不使其被埋没；另一方面，也希望通过对这样一次重要的中西方文化交流活动的考察，管窥文化交流中处于不同权力位置的文化之间主导与抵抗的

---

① 王宁：《翻译与文化的重新定位》，《中国翻译》2013年第2期。
② ［美］埃德加·斯诺：《〈活的中国〉编者序言》，文洁若译，《新文学史料》1978年第1期。

复杂关系，探索文化交流的有效途径，以史为鉴，为我们今天讲好中国故事、促进中西方文化交流和文明互鉴提供一点参考。

第一节 《天下月刊》研究现状

一 传记和回忆文章

有关《天下月刊》的创办经过、人员组成及影响流传的相关文字，常散见于传记、回忆文章中。

《天下月刊》的核心编辑群体，是一群从欧美名校归来的留学生，他们交游广泛，与上海滩比较"洋派"的名流群体过从甚密，如邵洵美、项美丽等。涉及《天下月刊》的主要传记有《天下月刊》主编吴经熊的自传《超越东西方》和邵绡红回忆其父亲的《我的爸爸邵洵美》以及林太乙回忆其父亲的《林语堂传》等。吴经熊在《超越东西方》中详细记载了《天下月刊》的创刊过程。《我的爸爸邵洵美》中记载了欧美留学同人聚会、商议办刊的情景，也记录了邵洵美为《天下月刊》撰稿的情况。《林语堂传》则提及了温源宁等《天下月刊》同人聚会以及日常生活、相互交流的情况。

较为重要的回忆文章有周劭的《姚莘农和〈天下〉》等。这篇文章里，周劭回忆了吴经熊、温源宁、姚莘农等编辑在当时的声望以及对刊物的贡献，还提供了《天下月刊》刊名的题写经过等珍贵的资料。此外，他还认为，林语堂去美国也与《天下月刊》相关，但这一条缺乏佐证，似以推测为多。此外，陈石孚在《林语堂先生与我》中以亲历者的身份回忆了林语堂参编《天下月刊》的情况。但因为缺乏系统的资料整理，回忆文章也有诸多不可靠之处，如盛佩玉在《盛氏家庭·邵洵美与我》中，将《天下月刊》的创办者误认为是项美丽；周劭在前述文章中将《天下月刊》的主编错记为桂中枢等。因此，此类资料虽然为我们提供了重要的研究资料，但是，在使用中也特别需要多方印证。

《天下月刊》的编委大部分身兼数职，并非纯粹的文学界或文艺界人士，因此，文学界对他们的研究并不多。对于主编温源宁等人，缺乏详细的生平资料，史料研究方面，多以零散为主。曾建元的《跨越东与西——吴经熊的人与法律思想素描》、易永谊的《温源宁与北京大学英文系（1924—1933）》两篇文章，整理了吴、温二人生平的一些情况，其他编者的生平研究就更少。陈子善在《一知半解及其他·本书说明》中提到："他（温源宁）主编的《天下月刊》在30年代中西文学与文化交流史上也占据了一个极为重要的地位，可惜至今鲜有人提及。"[①]

二 期刊、硕博论文以及研究专著

1991年以前，学界对《天下月刊》的关注非常少，研究几乎处于空白的状态。让《天下月刊》进入学术界视野的，是这一年《天下月刊》重要编辑姚莘农的去世。姚莘农生前为埃德加·斯诺的密友，20世纪40年代以后旅居美国。1992年，姚莘农的女儿姚湘跟随埃德加·斯诺纪念基金会访华，并在"纪念埃德加·斯诺第五届学术会议"上发表报告《两种文化 一个世界——埃德加·斯诺与我父亲姚莘农的友谊》（后发表于《鲁迅研究月刊》1992年第8期）。姚莘农生前有着戏剧家、导演、编辑等多重身份，20世纪50年代因其编剧的电影《清宫秘史》而受到批判。此后，姚莘农在大陆近乎被遗忘，直到此次以埃德加·斯诺朋友的身份才得以重新回到了人们的视野当中。姚湘的这篇报告提到了《天下月刊》。她写道："埃德加·斯诺是在上海的记者俱乐部

[①] 温源宁：《一知半解及其他》，南星译，辽宁教育出版社2001年版，第2页。

结识父亲的。那时父亲是《天下月刊》杂志五位撰稿人之一。《天下月刊》是中国第一份且水准高的英文期刊,先进的中国学者依然对其文学价值和历史价值不断地进行研究和借鉴。五个人均堪称文学巨匠,其中除了父亲是'土生土长',东吴大学的毕业生外,其余四位不是牛津、剑桥就是哈佛、哥伦比亚的学成归国的留学生。"[①] 姚莘农的去世和姚湘的这次报告,引起了国内学界的关注。除了前述周劭的回忆文章以外,1993年第3期的《新文学史料》组织了一个姚莘农专题,发表了任传爵的《回忆姚克》、斯诺和易人的《斯诺致克农父女书简》、姚锡佩的《漫话著名戏剧家、翻译家姚克——兼述斯诺致姚克父女书简》、凌扬的《姚克和〈天下月刊〉》四篇文章。《天下月刊》也随之被更多人知道,除了凌扬和周劭的两篇文章直接以《天下月刊》入题,姚锡佩的文章也提到了《天下月刊》。但可惜的是,或许是由于资料获取的困难,对《天下月刊》的研究此时并未真正展开。

2000年以后,海外学者沈双首先注意到了《天下月刊》,在其《从比较文化的角度看跨国写作与当代英语世界文学》(收入《丽娃河畔论文学》,华东师范大学出版社2006年版)一文中以《天下月刊》为例证,阐述了中国现代知识分子的英语写作在20世纪30年代英语世界写作中的价值与意义。根据中国知网的搜索结果,国内第一篇以《天下月刊》为主要论题的论文为2008年黄芳所发表的《试论英文杂志〈天下月刊〉的文化价值》[《华北水利水电学院学报》(社会科学版)2008年第5期]。

2009年,国家图书馆出版了11卷本的影印本,极大地便利了研究者,对《天下月刊》的研究也以此为界进入了一个新的时期。季进、严慧的《〈天下〉与中国文化的"天下"自主传播》

[①] [美]姚湘:《两种文化 一个世界——埃德加·斯诺与我父亲姚莘农的友谊》,王建国译,《鲁迅研究月刊》1992年第8期。

(《江西社会科学》2009年第4期)、黄芳的《〈天下〉月刊素描》(《新文学史料》2011年第3期)、《跨文化之桥：中国现代著名国人自办英文杂志〈中国评论〉周报与〈天下〉月刊》(《编辑之友》2011年第3期)等是较早发表的研究论文。对于本书所关注的《天下月刊》对中国现代文学的译介问题，相关的期刊论文有严慧的《〈天下〉与鲁迅的"天下"传播》(《学术论坛》2009年第5期)、《〈天下〉杂志与京派文学英译传播》(《中国现代文学研究丛刊》2009年第6期)、王子颖的《〈天下月刊〉与中国戏剧的对外传播》(《戏剧艺术》2015年第4期)、杨昊成的《英文月刊〈天下〉对鲁迅的译介》(《中国现代文学研究丛刊》2016年第10期)等。

硕博论文方面，最早出现的是李红玲的硕士学位论文《〈天下〉月刊（T'IEN HSIA MONTHLY）研究》(上海外国语大学，2008年)，初步梳理了刊物的创刊过程与刊发的篇目和内容。易永谊的硕士学位论文《世界主义与民族想象：〈天下月刊〉与中英文学交流（1935—1941）》(福建师范大学，2009年)，以编辑、译者为中心，着重研究了《天下月刊》的文化译介活动。严慧的博士学位论文《1935—1941：〈天下〉与中西文学交流》(苏州大学，2009年)从汉籍外译的角度，考察了《天下月刊》的对外翻译活动，特别是详细论述了《天下月刊》对中国古代文学的译介。黄芳的博士学位论文《跨语际文学实践中的多元文化认同——以〈中国评论周报〉、〈天下月刊〉为中心的考察》(华东师范大学，2011年)将20世纪30年代两个重要的中国人自办的英文期刊《中国评论周报》和《天下月刊》进行比较研究，以文化认同为研究理论视点，来揭示中国知识分子在跨语际文学实践中的多元文化认同倾向。

专著方面，现有研究专著三部，前述严慧和黄芳的两部博士学位论文均已修改为专著，分别于2011年、2018年出版。此外，另有彭发胜所著的《向西方诠释中国——〈天下月刊〉研究》一书，借鉴文化三元质构成的相关理论，在文本细读的基础上着重考察《天下月刊》在中国抗日战争时期的对外传播、中国文化形象建构、中西文化比较与交流等方面所发挥的重要作用。

三 海外研究

华裔学者沈双除了在前述论文中提及《天下月刊》，还在其专著 Cosmopolitan Publics: Anglophone Print Culture in Semi-Colonial Shanghai（《世界性公共空间——半殖民地上海的英语印刷文化》）中探讨了以《天下月刊》《中国评论周报》《二十世纪》等为代表的由中外知识分子所创办的英文期刊，在展现上海文化景观以及中国文学文化对外传播等方面所体现出来的价值与意义。该书还对《天下月刊》编辑姚莘农、林语堂等离开上海之后在美国、中国香港的英语写作进行了研究。

此外，澳大利亚国立大学亚太学院在其创办的电子期刊 China Heritage Quarterly（《中国遗产季刊》）于2009年9月设立专栏对《天下月刊》进行专题介绍。该刊编辑 Geremie R. Barmé 在介绍性文字中写道："英文期刊《天下月刊》反映了一些受西方教育的（中国）知识分子的爱国愿望与慷慨的世界主义精神之间的积极关系。该刊的许多作者都渴望成为国际社会公平的一部分；他们既是欧美文化发展的密切观察者和评论员，也对他们自己世界的主要文化趋势给予应有的关注。"[1] 从《天下月刊》出发，这一专栏论及了当代中国的国际形象和文化交往策略等方面。

---

[1] Geremie R. Barmé, "The Heritage of T'ien Hsia, All-Under-Heaven", *China Heritage Quarterly*, No. 19, September 2009, http://www.chinaheritagequarterly.org/editorial.php?issue=019. 原文为英文，此处为笔者自译。

四 研究述评

2000年以后，在新闻及出版传媒研究热潮的推动下，国内外学界对中国近现代英文报刊的研究不断发展和深入。在这样的大背景下，《天下月刊》的研究也进入一个丰收期，与此同时，国家图书馆影印版《天下月刊》的出版大大降低了资料获取的难度，从而有力地推进了相关研究。从现有研究情况来看，国内一些学者的研究对《天下月刊》的基础资料进行了爬梳整理，如严慧、黄芳的专著都附有《天下月刊》的中文全目录，虽然尚有个别地方不甚准确，但极大地方便了后续研究的深入。而国外研究者的研究大多将《天下月刊》作为中国近代英文报刊的代表，将它放置在20世纪中西文化交流的大格局中，揭示其与左翼力量、东亚时局以及思想演变等时代潮流之间的关联与作用。但总体而言，对于《天下月刊》的研究还不够，关注和了解的人不多，在相关论述中甚至常常为论者所忽略。

除了总量的稀薄，现有研究也呈现出一些问题。其一，《天下月刊》受到学界正式的关注时间并不长，而且从论文及专著的情况来看，国内研究者其实只有严慧、彭发胜、黄芳等少数几人，应该说研究还处于起步阶段，所以宏观性的史料梳理多，深入解读与阐述少。其二，还有大量研究空间有待开掘，比如《天下月刊》的支持机构中山文教馆，在现有研究中基本一带而过，但实际上它对《天下月刊》的定位、风格、理念都具有非常重要的影响。不仅如此，在20世纪30年代的中国对外文化交往和文化建设中，中山文教馆发挥了非常重要的作用，而目前对中山文教馆的关注和研究还非常少。又如《天下月刊》的发行机构别发洋行，它对《天下月刊》能够在全世界范围内发行并产生影响起到了重要的作用，但是在现有研究中也没有引起足够的重视，研究者往往一笔带过。对于本书所涉及的《天下月刊》对中国现代文学译介的贡献，现有的研究也很有限。在专著中，大都仅仅以一个章节左右的篇幅出现；在期刊论文中则主要是微观个案研究，研究方法局限于狭义的翻译研究，即着重于译文与原文的对比、译者的翻译风格、翻译方法及翻译策略，而对作者、译者与《天下月刊》的关系、三者所处的社会环境和文化氛围等问题关注不够。其三，相关史料、作者缺乏考证，往往出现讹误。《天下月刊》的编辑群体，大部分并不为中国文学的研究者所熟知。比如主编吴经熊，他在法学界地位很高，但并不是现代文学的主要研究对象，其他编委，如温源宁、全增嘏、叶秋原等情况也类似，研究者对他们不够熟悉，从而带来研究中的一些问题，比如，叶秋原以笔名在刊物中发表的几篇文章，就被研究者误以为是他人所写，从而认为叶秋原只是个挂名编辑，对《天下月刊》贡献甚少。

综上所述，应该说，前期的研究者已经为《天下月刊》的相关研究奠定了良好的基础，但以《天下月刊》的体量、特殊性和影响而言，其研究还处于起步阶段，特别是对《天下月刊》中的中国现代文学译介的研究，还有很大的开拓和深入空间。

第二节 选题意义与研究思路

如上所述，《天下月刊》是中国现代文学史、中国现代期刊史上第一本由中国人主持的、面向海内外长期稳定发行的全英文思想文化类刊物，在中西文学交流史上有着独特而重要的位置。因此，现有研究与它应有的地位相比颇显不足。

而对中国现代文学的英译传播而言，《天下月刊》的意义更为重大。在《天下月刊》出现之前，西方对中国文学的兴趣和关注，几乎完全停留在如先秦诸子、唐诗、宋词和《红楼梦》《水浒传》等中国古代文学作品上，对白话新文学则了解甚少，前述斯诺在当时的记录即是明证。西方汉学家对于中国古代文学的兴趣，建立在他们对丰富灿烂而又神秘强大的中国古代文明的兴趣之上，而对于在贫弱落后的现代中国土地上生长出来的中国现代文学，则兴趣寥寥。这一点，通过当时许多欧美汉学家的言论可以得到证实，本书在后文中亦有引述。因此，译介白话新文学的工作，不得不更多地依赖于中国人自己。幸运的是，作为第一本由中国人主持的全英文思想文化类刊物，《天下月刊》并没有忽视白话新文学。该刊自创刊开始，在前后六年的时间里，以全世界使用范围最广的英语为译介语言，成规模地译介白话新文学作品，向西方展示中国现代文学的成果。而且，《天下月刊》的现代文学译介，不仅有"翻译"，还有"介绍"。通过论文、年记等形式，《天下月刊》实时跟进现代文学发展过程中取得的成绩、面临的问题，并把它们呈现出来，使西方读者能够获得一个相对系统性、全局性的对中国现代文学的认知，而不是仅仅由单篇作品组成的零散拼图。在它所属的时代，《天下月刊》对让中国现代文学为世界所了解做出了极大的贡献。然而，即便是在现有的、数量并不多的对于《天下月刊》的研究当中，《天下月刊》对中国现代文学的译介也没有成为研究者关注的重点。诚然，从总体规模和比例上而言，现代文学在《天下月刊》中的比重仍然没有古代文学和文化多，但是，《天下月刊》创刊于1935年，终刊于1941年，其时白话新文学的发生和建立不过二十余年，其体量、影响本来就无法跟已经积淀一千多年的古代文学相提并论。如果加入这个变量来考量《天下月刊》的现代文学译介规模，就可以客观地看出《天下月刊》对现代文学译介有意识的看重。事实上，《天下月刊》的"翻译"栏目所刊发的篇目共计72篇，其中现代文学的篇目共有42篇之多，且连贯性较好，尤其在1935—1938年，几乎每期都有。因此，无论是就在中国现代文学对外交流中的地位而言，还是就刊物本身而言，《天下月刊》对中国现代文学的译介都理应得到关注，这也是本书的研究意义所在。

本书共分为以下七章。

第一章为绪论，介绍研究背景、研究现状和研究思路。

第二章是对《天下月刊》的创办经过及概况的梳理。本章通过阅读《天下月刊》原刊及赴香港、南京、上海等地档案馆查阅创办过程中的相关史料，全面梳理了刊物的创办缘起、办刊宗旨、编辑部与撰稿队伍构成、出版及支持机构、与其他上海中办英文报刊之关系等情况。在这一章中，难点和创新之处是对《天下月刊》的支持机构中山文教馆和出版机构别发洋行的研究。中山文教馆为《天下月刊》提供资金支持，与《天下月刊》的办刊理念、运营情况息息相关；别发洋行不仅为《天下月刊》提供了广泛的发行渠道，更为其提供了潜在的成熟读者和作者群。二者对《天下月刊》的作用和影响都值得关注，却为以往的研究者所忽略。

第三章主要论述了《天下月刊》之前中国现代文学在欧美的译介情况。笔者认为，在《天下月刊》之前，中国现代文学在欧美的译介非常有限，通过这一章"前史"，更可以见出《天下月刊》现代文学译介实践的重要意义。

第四章主要论述了《天下月刊》译介中国现代文学作品的概况。在本章中，笔者首先通过前面的分析，得出《天下月刊》的文化立场：民族性立场、世界性视野和现代性期许相结合的对外交流原则和坚持思想性与普遍性的对内原则。文化立场影响了《天下月刊》在译介现代文学时的译源选择、翻译方法等方方面面。需要特别指出的是，尽管《天下月刊》的现代文学译介在执行其文化立场方面体现了较好的"一致性"，但也并不是"铁板一块"，而是根据作者、译者的不同呈现出多样性。

第五章详细分析了《天下月刊》所发表的现代文学相关年记和论文。"年记"（chronicle）是《天下月刊》的一个固定栏目，鸟瞰式地总结某一艺术门类在一段时间内的发展状况，类似于精缩版本的"年鉴"。《天下月刊》与中国现代文学相关的年记涉及现代诗歌、戏剧、电影，另有一篇"文学年记"（Literature Chronicle）。另外，本章还对哈罗德·阿克顿（Harold Acton）的《中国现代文学的创造精神》这一探讨中国现代文学的长篇论文予以专门研究。

第六章详细分析了《天下月刊》在现代文学译介中的几个重要案例。包括《天下月刊》对鲁迅的译介、对曹禺《雷雨》的译介、对沈从文《边城》的译介、对白话新诗的译介和对凌叔华的译介。在分析的过程中，既采用翻译文化研究的方法，也采用传统的译文与原文本对照的文本研究。本章试图通过对具体案例的分析，进一步处理《天下月刊》同人在中国现代文学译介过程中持有的文化态度、中西方文化交往中遇到的困难、20世纪30年代中外知识分子的公共文化交往、文学翻译当中处于不同权力位置的文化及其持有者之间的关系等问题。

第七章为结语及余论。《天下月刊》作为中国现代文学交流史上为数不多的外译活动的重要代表，在译介过程中所体现的主体性和主体间性，及其探索出的方法、立场和态度，对于今天我们探寻文明互鉴的道路，讲好中国故事，塑造可信、可敬、可爱的中国形象颇有借鉴意义。

另有一点需额外说明：《天下月刊》为全英文刊物，刊载的论文仅有少部分已有中文译文或译本。因此，本书在论述过程中引用的所有《天下月刊》英文译文，包括广告、宣传语等，除特别注明外，均为作者自译，在注释中注明英文原文在原刊中的卷数、期数及页码，以方便读者核实查阅。

第二章 《天下月刊》的创办及概况

第一节 《天下月刊》的基本情况

一 《天下月刊》的创办

《天下月刊》的发起创办，按照其主编吴经熊的说法，源于他与温源宁的提议，而后这一提议得到了孙科的支持："我在《中国评论》的一次宴会上遇到了温源宁，他曾是北京大学的英国文学教授……一天，我们谈起了办一个中英文的文化和文学期刊——以向西方阐释中国文化的可能性。这只是一时之想，这样的一种期刊会曲高和寡，很少会有人订阅，不能自养。谁能资助它呢？我们只是谈谈而已。""一天早上，我和孙科博士在公园散步时，谈到了我与温源宁的对话。出乎我意料，他对这件事比我还要热心……于是我们制订了一个计划交给他。他作为研究所主席立刻就同意了，我和温源宁一起商量编辑部人选，决定请林语堂和全增嘏，他们两人毫不犹豫地接受了我们的邀请。"[①]

关于创刊的过程，还有其他当事人的回忆可作为参考。邵绡红在《我的爸爸邵洵美》中提到："在洵美的朋友里，有几位留

---

① 吴经熊：《超越东西方》，周伟驰译，社会科学文献出版社2002年版，第229页。

过洋，精通英文的饱学之士，如温源宁、吴德生、全增嘏、叶秋原等人……他们与洵美有深交，与项美丽也就成了很熟的朋友……在聊天中他们酝酿创办一份英文的杂志……这份杂志旨在促进中西文化交流。"①项美丽本人也记述道："这些朋友们在一起热烈地讨论一个新课题：办份英文杂志，宗旨是增进东西方文学之间的相互了解。有人提议说刊物应当含有政治性，但被否决。这个议题获孙科支持，他是中华民国奠基者孙中山的儿子。目下在重庆。……杂志被定为月刊，刊名叫《天下月刊》，意思是包罗天底下每一事物。当然，如同其他中国词汇一样，它是一个隐语，含有'世界'之意。编委会由我上面提到的那些人组成，再加上其他几个人。其中包括吴约翰博士（John 是吴经熊的英文名——作者注）。他们的名字列印在报头上。"②

通过不同当事人的回忆，我们可以清楚地廓出《天下月刊》的"身份"：由吴经熊、温源宁等归国知识分子热心创办的、在中山文教馆热烈支持下，致力于向西方传播中国文化的英文刊物。从具体时间上看，除去几次非正式的、倡议性的讨论，正式的起点应当是 1935 年 5 月 6 日，吴经熊召集《天下月刊》编辑部成员在上海办公室里组织的第一次聚会。三个月后，《天下月刊》第一期即顺利出刊，从提议到出刊时间很短，但成刊质量毫不马虎，稿件质量高、装帧精美，而且由当时实力颇为强大的西文出版机构别发洋行（Kelly & Walsh. Ltd）出版发行。首刊效率高、质量好，既可以见出编辑团队十分用心、人脉广阔，也可以佐证中山文教馆的支持及时到位。别发洋行成熟的发行网络和中山文教馆有力的资金支撑给《天下月刊》提供了强大的后盾，成为《天下月刊》能够形成持续、强大影响力的重要因素，这两点将

---

① 邵绡红：《我的爸爸邵洵美》，上海书店出版社 2005 年版，第 149 页。
② 王璞：《项美丽在上海》，人民文学出版社 2005 年版，第 37 页。

第二章 《天下月刊》的创办及概况

在后文详细论及,此处不再赘述。

由中国人创办并主持一份向西方介绍中国文化的英文刊物,实际上是实现中西方文化平等对话、真实沟通的要求使然。

以 The Canton Register（《广州纪事》,1827 年创办）、Canton Miscellany（《广东杂志》,1831 年创办）等为肇始,用英文介绍中国的报刊就已经出现。到 1930 年前后,仅上海一地的英文报纸和刊物就多达 60 余种,但这些刊物绝大多数由外国人主办,主要目标在于为在华侨民提供世界资讯及向本国提供与中国相关的实时信息,同时也为殖民者和商业探险家的利益服务。因此,它们更多地倾向于报道中国的政治、经济、军事等情形,对文化、文学、艺术等领域关心不多。而一批由西方汉学家主持的学术类期刊则占据了中西方思想、文化、文学交流的主要途径。如旨在"调查研究中国,包括中国的政治、法律、中外关系、地理、历史、哲学、文学等"[1]的《皇家亚洲文会北华支会会刊》（Journal of the North-China Branch of the Royal Asiatic Society,1858—1948）,致力于"促进与中国有关的任何科学、艺术、文学、探险及其他类似主题的知识的传播"[2]的《中国科学美术杂志》（China Journal of Science and Arts,1923—1941）[3] 等。这些刊物,一方面打通了中西方文化交流的通道、构建出了国际化的学术交流场域和学术共同体;但另一方面却难以避免地以西方的视角进行过滤和观察。在皇家亚洲文会中国支会成立时,英国亚洲文会会长在给香港支会的信中曾详细开列他们所感兴趣的调查条目,而这些条目大多与殖

---

[1] E. C. Bridgman, "Inaugural Address", *Journal of the Shanghai Literary and Scientific Society*, No. 1, January 1858, pp. 1 – 13. 原文为英文,此为作者自译,下同。

[2] "Inception and Aims of the China Journal of Science and Arts", *The China Journal*, Vol. 1, No. 1, 1923, p. 2.

[3] 该刊为成立于 1922 年的中国科学美术协会（The China Society of Science and Arts）的会刊,1927 年 1 月英文刊名改为 *The China Journal*,中文刊名于 1936 年改为《中国杂志》。

民和探险的目的有关。后殖民翻译理论指出，在文化交往的背后，始终是两种文化之间的权力斗争和权力运作，不同文化之间，由于存在权力差异（power differentials），所谓的平等交流根本就不可能。处于优势的一方往往从自己的角度筛选"有价值"的知识，处于弱势的一方则缺乏主动性和话语权。在这一时期的中西方文化交往中，西方知识分子以他们认定的"价值"为筛子和滤镜，中国知识和中国形象只能由西方学人以西方视角来呈现和构建。

而中国知识分子很早就意识到了由中国人向西方介绍一个未被西方视角过滤的"中国"的重要性且不乏积极付诸行动者。中国知识分子的觉醒，是从发现中国在外交事务中因为没有西文报刊而在国际上无法发声，只能听凭西方报纸信口而言，以至于屡屡吃亏开始的。为此，报业人士早早就开始了呼吁。创立了中国人最早的自办中文报纸《循环日报》的近代思想家王韬，对中国人自办西文报刊极为看重。他认为，外国人所办报刊"往往抑中扬外，甚至黑白混淆，是非倒置"，因此，"中国之所宜自设者，不在乎华字日报，而在乎西字日报"，"中国既自设西字日报，则可以拾其遗而补其缺，纠其谬而正其讹，然后事理不至于乖错，而可泯猜贰于无形"①。此后的几十年里，提倡国人自主兴办西文报刊的呼吁时有出现，如郑观应曾在《日报》中写道："中国通商各口，如上海、天津、汉口、香港等处，开设报馆，主之者皆西人。每遇中外交涉，间有诋毁当轴，蛊惑民心者。""则外国报道颠倒是非，任意毁谤，华人竟无华报与之争辩也。"② 由此他提出应当由中国人自办西字日报，以免听凭外国人一家之言诋毁中国。1874 年 6 月，上海《汇报》创办时，郑观应和唐廷枢、叶廷眷等几位发起人一起，准备创立一家西文报纸，定名为"交涉

---

① 王韬：《弢园尺牍》卷 8，中华书局 1959 年版，第 28 页。
② 夏东元编：《郑观应集》，上海人民出版社 1982 年版，第 346—347 页。

报",郑观应还撰写了章程,可惜最后未能真正出刊。此外,陈衍、熊希龄等人,也都先后提出过创办西文报刊、由中国人报道中国事的主张。然而由于政府压制、人才缺乏等问题的存在,始终未能如愿。进入20世纪以后,为打破西文报道由西人垄断的局面,中国政府部门、文化团体等开启了自主经营西文期刊的历史。1911年8月,孙中山为了向外国人宣传反清革命、以正国际视听,用海外募集的资金在上海创办了第一家英文报纸——《大陆报》(*The China Press*)。中华民国政府成立之后的1912年4月,他又创办了以在中国的外国侨民和国际友人为主要读者对象的英文晚报——《民国西报》(*The China Republican*)。

文学界则从另外的角度,觉察到了自己掌握话语权的紧迫性。19世纪末,辜鸿铭对汉学家、传教士将中国描绘成愚昧守旧的东方帝国不满,希望他们认识"真正的"中国文明,"改正先入之见"[①],因此翻译了《论语》《中庸》等儒家经典。20世纪30年代前后,中国知识分子向海外传播中国文化的自觉意识和自主诉求更为觉醒,鲁迅在给《天下月刊》编辑部成员姚莘农的信中即多有相关表述,如"中国的事情,总是中国人来作,才可以见真相"[②],"关于中国之文艺情形,先生能陆续作文发表,最好。我看外国人对这些事,非常模糊,而所谓'大师'、'学者'之流,绝不可靠,青年又少有精通外国文者,有话难开口,弄得漆黑一团"[③]。鲁迅除了鼓励青年,自己也亲身参与中国文学的对外译介。他热情参与了埃德加·斯诺的《活的中国——中国现代短篇小说集》(*Living China*)的编译工作。1934年,在美国记者伊罗生的邀请下,鲁迅还与茅盾合编了一本中国现代短篇小说集,

---

① Ku Hung-Ming, *The Discourse and Sayings of Confucius*, Shanghai: Kelly & Walsh Ltd., 1898, p. ix.
② 鲁迅:《鲁迅全集·第12卷(书信)》,人民文学出版社2005年版,第495页。
③ 鲁迅:《鲁迅全集·第13卷(书信)》,人民文学出版社2005年版,第39页。

意欲在美国出版，题为《草鞋脚》(*Staw sandals*：*Chinese Short Stories* 1918—1933)①。鲁迅和茅盾对此事非常热心，② 在为《草鞋脚》写的序言中，鲁迅以"肺腑而能语，医师面如土"③ 比喻中国人自己掌握话语权的重要性。鲁迅等中国知识分子所担心的，正是后殖民主义者常常提到的第三世界文本在对外译介时面临的第一世界的筛选和过滤问题。

在这样的时代吁求之下，《天下月刊》应运而生。从编委会的组成情况来看，《天下月刊》集结了一批欧美名校归国或毕业于国内教会学校、英语精熟的知识分子。④ 由中国知识分子自己担纲编辑、直接向世界发言，就能在相当程度上避免第一世界的有色滤镜。即如 *Pacific Affairs*（《太平洋事务报》）上刊登的评论所言："很少有中国的写作者具备《天下月刊》编辑们的能力，在西方杂志上发表介绍中国的文章。所以，大部分的阐释留给了或是可疑的或是充满怜悯的西方人，从最肤浅的记者到满腹经纶的汉学家，从一个极端到另一个极端。"⑤

《天下月刊》每年出刊 10 期，每月 15 日出版，6—7 月休刊，每半年合为一卷。1940 年 8 月以后，因经费吃紧而又不愿意提高定价，改为双月刊勉力支撑。该刊编辑部设在上海愚园路 1283 号，广告部则设在位于上海南京路 22 号的别发洋行。创刊初期，由温源宁任主编（Editor-in-Chief），吴经熊任执行主编（Manag-

---

① 《草鞋脚》当时因故未能出版，直到 1974 年才终于在美国出版，出版时伊罗生对篇目进行了改动。
② 鲁迅、茅盾选编：《草鞋脚》，湖南人民出版社 1982 年版，第 4 页。
③ 鲁迅、茅盾选编：《草鞋脚》，湖南人民出版社 1982 年版，第 1—2 页。
④ 《天下月刊》编委成员包括：吴经熊（美国密歇根大学法学博士）、温源宁（英国剑桥大学法学硕士）、林语堂（德国莱比锡大学语言学博士）、全增嘏（美国哈佛大学哲学硕士）、姚莘农（中国东吴大学文学学士）、叶秋原（美国印第安纳大学政治学硕士），后文有详细介绍。
⑤ "Extracts from Reviews", *T'ien Hsia Monthly*, Vol. 4, p. 3.

ing Editor），全增嘏、林语堂二人为编辑，馀铭做广告经理。1937年1月起，改由杨福攸负责广告业务。编委会组成和编辑部地址几经变动：1936年8月起，林语堂去美国不在岗，编辑部增补姚莘农（姚克）为编辑成员。1938年1月，编辑部地址变更到上海小沙渡路（Ferry Rd.）400号，此处为别发印刷厂所在地。1939年8月，姚莘农离开，叶秋原增补为编辑成员，《天下月刊》编辑部迁至香港，①办公室设在香港上海汇丰银行大厦202室。

二 《天下月刊》的主要栏目

《天下月刊》从1935年8月创刊至1941年9月停办，历时6年多，共刊发12卷56期。刊物的固定栏目有：“编者按”（Editorial Commentary，一般由温源宁执笔，少数几期由全增嘏、姚莘农执笔）、"专著"（Articles）②、"翻译"（Translation）、"年记"（Chronicle）、"图书评论"（Book Review），另外还有一个临时栏目"编读通信"（Correspondence）。

---

① 关于编辑部迁至香港一事，《天下月刊》并没有发布明确的公告。但是，从1939年8月第9卷第1期起，负责广告与订购业务的商务部地址改为香港的汇丰银行大厦202室，寄稿地址仍为上海小沙渡路400号。从吴经熊的回忆文中可知，1937年年底上海、南京相继沦陷，编辑部成员于年底撤至香港，吴经熊本人则在12月底完成皈依天主教的仪式后，于1938年年初迁至香港。"由于《天下月刊》的朋友们都去了香港，我也就在1月中旬乘法国轮船离开了上海。……在香港与《天下月刊》老友们重聚后，杂志重新开张，继续出版。"（吴经熊：《超越东西方》，周伟驰译，社会科学文献出版社2002年版，第288页。）项美丽的回忆则是抗战爆发后，《天下月刊》曾收到来自英国情报人员约翰·亚历山大的警告，称编辑及杂志会有来自日本方面的危险，于是编辑部迁至香港。项美丽的具体叙述如下："我从那条船的一位旅客那里听闻过他们这次逃亡的趣闻。起先，那些编辑担心资金困难，匆忙中他们也没法调集他们的银行存款。此外，他们也认为混迹于平实的中产阶级群中，较为安全。所以他们买的是二等船票。然而，上了船之后，温源宁四处一看，发现二等舱环境恶劣不堪，使他无法忍受。于是跑到事务长那里，换了头等舱。全增嘏便对叶秋原道：'既然他换了，我们为何不跟着换，无论如何，《天下月刊》同人应当保持一致。'"（王璞：《项美丽在上海》，人民文学出版社2005年版，第38页。）

② 这一栏目实际上刊登的是专题论文，但在该刊物的中文杂志广告中，此栏目作"专著"，故此沿用。

"Articles"栏目一般刊登兼具学术性与普及性的论文,个别几期作"Articles and Poems",除论文外还刊登过朱利安·贝尔等人的少量诗作,但似乎只是尝试,并非常例,大多数情况下每期发表4—6篇论文。这一栏目论文内容丰富,大部分文章篇幅较长,一般在10页以上。文章大体上可以分为以下几类。

1. 普及介绍中国文化。作为一本思想文化类刊物,这一类文章在《天下月刊》中占到了相当大的比例。文章选题涉猎内容广泛,既包括中国古代文化,也包括中国现代文化,涉及从古代到现代的中国思想、政治、历史、生活、建筑、绘画等方方面面。如创刊号所刊登的头条论文,吴经熊的《孔子的真面目》("The Real Confucius",1935年8月)[①]、约翰·福开森(John Calvin Ferguson)的《最后的科举士人》("The Last of the Immortals",1937年11月)、约翰·卡尔索普(John Calthorpe)的《优雅的中国茶艺》("The Gentle Art of Tea Drinking in China",1939年4月)、叶秋原的《中国印章知识》("The Lore of Chinese Seals",1940年1月)等。这一类文章虽说是以普及为主,但是作者往往是业内专家,或者是颇有造诣的研究者,因此水准和质量颇高,远远超出了一般报刊普及性文章的水平,也奠定了《天下月刊》的基本水平和格调。

2. 以比较研究的方法,用西方思想来诠释中国思想,或是对照中国思想,探讨中西文化思想的共通之处。这一类文章特别能体现《天下月刊》沟通中西文化的诉求。如鲁弗斯·苏特(Rufus Suter)的《柏拉图与孟子关于"勇"的定性》("The Nature of Courage According to Plato and Mencius",1939年9月)、萧公权的《中国政治思想中的无政府主义》("Anarchism in Chinese Polit-

---

① "The Real Confucius"由林显庭译成中文《孔子的真面目》,收入吴经熊《内心悦乐之源泉》,林显庭译,台北:东大图书有限公司1981年版。

ical Thought",1936年10月)、裴化行(Henri Bernard)的《朱子哲学及其莱布尼兹解读》("Chü Hsi's Philosophy and Its Inter-pretation by Leibniz",1937年8月)等。

3. 对中国文学的品评介绍。《天下月刊》在中国文学方面的论文,与其介绍中国文化类的论文以"述"为主不同,以"作"为主,表现出了更强的主观性,往往带有作者比较清晰的个人观点。如哈罗德·阿克顿的《中国现代文学的创造精神》("The Creative Spirit in Modern Chinese Literature",1935年11月)既介绍了新文学诞生二十年来的重要作家,更反驳了一些西方汉学家认为中国现代文学没有创造精神、不值一哂的观点。吴经熊的《唐诗四季》("The Four Seasons of Tang Poetry",1938年4月、5月、6月、11月)① 对唐诗解读的出发点是诗人的精神,他认为唐诗的发展与时令的交替呈现一致性,唐代诗人所表现出的精神气象与四季所体现的季节特点是相对应的。基于这一理解,吴经熊以春之昂扬、夏之热烈、秋之深沉、冬之萧瑟来概括唐诗发展的历程与不同类别诗人的诗情特征,以季节的自然变化说明唐诗的发展之路。全书以春之李白、夏之杜甫、秋之白居易、冬之李煜为轴心,以其他诗人为旁支,勾勒出唐代各个时期的诗坛景象。

4. 对西方文化、文学的评论和介绍。《天下月刊》的读者,并不仅仅是外国人,也有不少熟悉英文的中国读者,这一部分文章的受众正是这一类人群,叶灵凤、朱自清等人的日记中,都提到过曾购买或阅读《天下月刊》。与前述第一类文章类似,这类文章质量也非常可观,如在斯坦福大学、哈佛大学获得哲学学士、硕士学位的全增嘏所撰写的《笛卡尔与伪智主义》("Decartes and Pseudo Intellectualism",1935年9月)、考古学家

---

① 1940年徐诚斌将之译成中文《唐诗四季》,在《宇宙风》上连载,辽宁教育出版社1997年发行单行本。

威尔伯·伯顿（Wilbur Burton）的《玛雅之谜》（"The Mystery of Maya"，1940年2月）、诗人朱利安·贝尔（Julian Bell）的《奥登与当代英国诗歌运动》（"W. H. Auden and The Contemporary Movement in English Poetry"，1936年10月），都具有相当的权威性。

5. 时事评论类文章。这一类文章主要出现在抗日战争全面爆发之后，内容也多与抗战有关。如骆传华的《战时的中国经济发展》（"Economoic Developments in Wartime China"，1939年4月）、林希夫的《日本的妄想症》（"Paranola Nipponica"，1939年10月）等。

"Chronicle"（年记）是《天下月刊》的常设栏目，介绍当年度或近年某一文化、艺术种类的发展情况和概况，一般由熟悉情况的业内人士撰写，自1936年8月起，基本保持每期1篇（1937年12月无）。编委的最初愿望，是通过连续的观察，形成对各个所涉及门类的具有时间纵深的连续印象，类似于"年鉴"，这在与《天下月刊》同时代的文化类刊物中也是一种较为常见的做法。但是从实际情况来看，有的连续性较好，如诗歌年记、戏剧年记、出版年记、艺术年记等，大体能按年度连续发表，并且每年发表时间相对固定，可以形成"编年史"的效果；有的则相对零散，只出现过一次或者两次。但是因为撰稿人一般都比较权威，并且是当时发表、时人记述，总体而言，这一栏目仍然具有较高的资料价值。

表2-1　　　　《天下月刊》"Chronicle"栏目一览

主题	数量	作者	发表年月
戏剧年记	5	姚莘农、Frank B. Wells、梁琰、凌皑梅	1936年8月、1937年8月、1938年5月、1939年2月、1940年3月
艺术年记	5	温源宁、简又文、陈锦云	1936年9月、1938年2月、1938年9月、1939年8月、1940年12月至1941年1月
诗歌年记	4	邵洵美、凌岱	1936年10月、1937年11月、1938年12月、1939年12月
建筑年记	2	董大酉、董隽	1936年11月、1937年10月

续表

主题	数量	作者	发表年月
出版年记	6	宋以忠、郁宸民	1936 年 12 月、1937 年 9 月、1938 年 8 月、1939 年 9 月、1940 年 8—9 月、1941 年 8—9 月
音乐年记	4	应尚能、傅白梅、秦芍令、梁松龄	1937 年 1 月、1939 年 3 月、1940 年 4 月、1940 年 10—11 月
考古年记	3	叶秋原、裴崇青	1937 年 2 月、1938 年 1 月、1940 年 2 月
哲学年记	1	全增嘏	1937 年 3 月
电影年记	3	姚莘农、杜恒	1937 年 4 月、1938 年 10 月、1939 年 11 月
生物学年记	1	胡先骕	1937 年 5 月
文学年记	1	陈大仁	1938 年 3 月
图书学年记	1	黄维廉	1938 年 4 月
科学年记	3	许祖翼	1938 年 11 月、1939 年 10 月、1941 年 2—3 月
教育年记	3	赵君豪、赵华、郁振明	1939 年 1 月、1940 年 5 月、1941 年 4—5 月
地质学年记	1	裴忠青	1939 年 4 月
古生物学年记	1	项云龙	1939 年 5 月
人类学年记	1	许祖翼	1940 年 1 月

"Book Review"（书评）是《天下月刊》的另一个固定栏目，专门评论时下出版的新书，反应迅速。评论的范围既包括中国著作，也包括国外著作，每期刊发 4—8 篇，每篇篇幅不长，属于短评。在抗日战争全面爆发后，这一栏目刊登了大量对其他国家以反法西斯为主题的著作的评论。《天下月刊》的书评撰稿人众多，既有编委会成员，也有作家、记者，外籍撰稿人尤其多，从内容选择和撰稿群体上都体现出国际化的特点。

此外，在封面与目录页之间以及封底之前，《天下月刊》刊有大量广告，合卷的时候也另有广告。广告大多数是英文，或是中英文夹杂。广告客户包括汽车公司（见图2-1）、跨国石油公司、上海各大百货公司、国际知名香烟公司（见图2-2）、航空公司、中外银行（见图2-3）、跨国旅行（见图2-4）等。在20世纪30年代战争频仍的环境下，《天下月刊》的广告看起来相当"不接地气"，由此也可以看出，《天下月刊》的读者定位相当高端，除具有英文阅读能力的中国知识分子、海外汉学家、对中国文学和文化感兴趣的海外读者以外，在中国的一般读者群主要是在华的外国侨民和具有相当知识水平、经济能力的中国中上层人士。

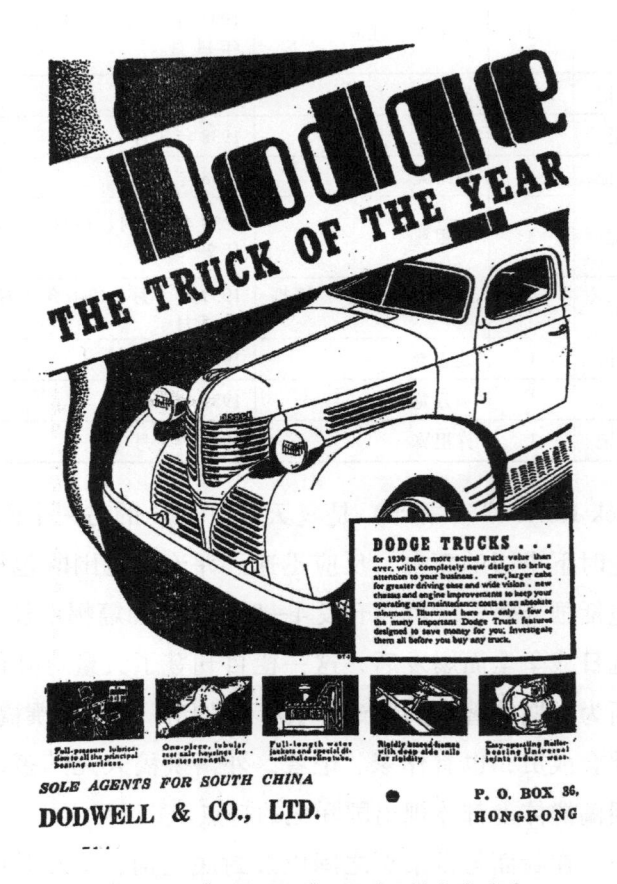

图2-1 《天下月刊》所刊登的汽车广告

图2-2 《天下月刊》所刊登的香烟广告

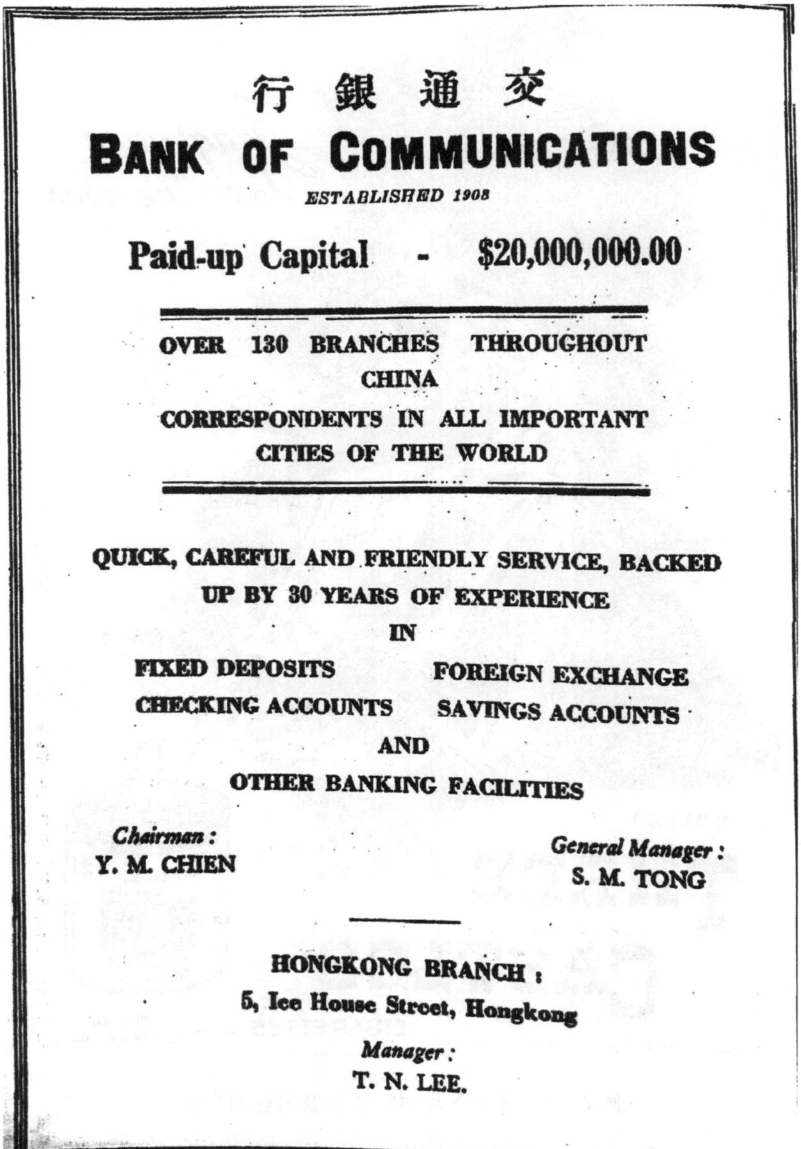

世界视野中的中国叙事

图 2-3 《天下月刊》所刊登的银行广告

第二章 《天下月刊》的创办及概况

图2-4 《天下月刊》所刊登的跨国旅行广告

三 《天下月刊》的停刊

1937年年底，上海沦陷，《天下月刊》编辑部于1938年迁往香港，仍然坚持出刊至1941年6月。最终的停刊，大概有以下几个方面的原因。

一是国际形势变化给刊物的运营带来了巨大挑战。1940年，日本开始将香港作为作战目标，香港的形势日益吃紧。1940年6月，日军攻占香港，香港与内地的联系被切断，《天下月刊》的印刷地在上海，编辑部在香港，两地交通阻隔，交流非常困难。

二是支持机构中山文教馆资金紧张。随着战事愈加严峻，国民政府资金吃紧，文化方面投入减少，中山文教馆的经营款项无法落实，人员变动也很频繁，不复刚成立时欣欣向荣的局面，有限的资金也向政治、抗战宣传等方面倾斜，没办法继续给《天下月刊》提供充裕稳定的支持。

三是编辑部人员境遇和精力的变化。1941年年初，主编吴经熊去了重庆，1941年11月才回到香港。温源宁自1938年起，任国民党中央宣传部国际处香港支部主任，自他到香港后，这一职务的工作变得较为繁忙，从当时人的叙述来看，温源宁负责的这个部门成为不少内地来港避难人员获得、传递消息的渠道，后文中有详细论述，此处不赘述。总体而言，这一时期编辑部成员的精力分配变化很大，不太能保证刊物的高质量运转。

四是随着第二次世界大战的白热化，卷入战争的国家、人口与日俱增，人们更加关心时政和战争局势，《天下月刊》作为一本思想文化类刊物，虽然这一时期也更多地向战争等内容倾斜，但内容仍然比较"阳春白雪"，不太能够回应人们的关切，不符合读者的阅读需求。

在天时、地利、人和都不具备的情况下,《天下月刊》最终停刊。但在其存续期间,《天下月刊》在中西文化交流方面所做的尝试、所取得的成就,都值得关注。

第二节 《天下月刊》与其支持及发行机构

一 《天下月刊》与其支持机构中山文教馆

《天下月刊》的支持机构是国民党的半官方机构中山文教馆(全称中山文化教育馆)。刊物每一期内封位置都标注有"Published under the Auspices of Sun Yat-sen Institute for the Advancement of Culture and Education, Nanking"字样。前面所引吴经熊的自述也明确说明,没有中山文教馆的支持,这本"曲高和寡"的刊物多半难以诞生。因此,《天下月刊》与孙科主持的中山文教馆有着非常密切的关系。中山文教馆在章程内有出版定期刊物的计划,《天下月刊》正是该机构重要的出版实绩之一。

中山文教馆的发起人是孙中山之子孙科。孙中山去世后,国民党内各派争夺权力,以孙科为首的一派被称为"太子党"。1927年南京国民政府成立后,蒋介石一直未依照孙中山的治国理念结束训政,实施宪政。1931年"九一八事变"爆发后,在严重的民族生存危机面前,蒋介石采取以退为进的策略,在一切部署妥当后,于12月15日正式宣布下野。1931年12月22—28日召开的国民党四届一中全会根据宁粤之争的结果,决议由孙科出任南京政府行政院院长,并实行由行政院负责的"责任内阁"制。但是孙科派的势力还较弱,既得不到足够的政治支持,也无法应对外交、财政危机,孙科本人很快就于1932年1月25日被迫辞职。孙科政府成为仅维持近一个月的短命政府,之后孙科于1933年正式出任立法院院长。

1932年年底,孙科正式宣誓就任立法院院长与宪法起草委员会委员长,主张结束党治,还政于民,任职直到1948年2月。在立法院,法学科班出身、原本也是孙科好友的吴经熊一直受到孙科的重用,是他的肱股重臣之一。吴经熊在1931年12月就被时任行政院院长的孙科聘为"国难会议"成员。1933年,孙科就任立法院院长后,立法院成立宪法起草委员会,委员长由孙科兼任,副委员长一为张知本,另一人即为吴经熊。1933年6月,吴经熊完成《中华民国宪法草案初稿试拟稿》,经孙科同意后,在上海《时事新报》以吴经熊个人名义发表,征求各方意见。这以后,吴经熊一直是孙科主持下的立法院的重要人物。除了吴经熊,《天下月刊》主编温源宁、编辑全增嘏、叶秋原也先后在1936年12月、1939年1月、1941年7月增补为立法会第四届立法委员。《天下月刊》同人与孙科派系关系之密切可见一斑。

孙科成立中山文化教育馆,既有宣扬孙中山三民主义,申明正宗之意,也有网罗英才为己所用之心。但是,客观上说,中山文教馆确实起到了促进文化事业发展的作用。关于成立中山文教馆的初衷,孙科在《八十略述》中写道:"民国二十一年冬,我旅居上海,时与党中高级同志相过从。当时大家感觉到要使我们国家的基础巩固,除了军事和政治的力量外,实在应该使它建筑在文化上面。中国文化本来源远流长,有四五千年的历史,到总理的三民主义,更集其大成。……有识之士佥认有重振三民主义文化,使之发扬光大的必要,于是发起组织'中山文化教育馆'。本来总理建国的遗教,不仅是属于本党,也是全国国民的公产,照理这个馆可以由政府或党来兴办;但当时国内的文化事业,十之八九操纵在党外文化之手,一般学生和教员,都有一个错误的观念,认为三民主义,只是国民党的经典。在此情形之下,如果中山文化教育馆再由党与政府来办,益滋误会曲解。所以大家的

第二章 《天下月刊》的创办及概况

意思，都主张用私人名义发起，作民间学术组织。"①

在孙科的组织下，中山文教馆于民国二十二年（1933）三月十二日成立。

中山文教馆成立之后，资金较为稳定充裕，除国民政府拨款外，还有广东、上海等地地方政府拨款以及理事捐款作为资金来源。在三民主义的旗帜下，中山文教馆开展了一系列文、史、哲学术活动，涉及民生、民族、民权等。中山文教馆特别强调"创办之始意与目的，纯为致力于学术之研究，企图于民族文化尽一份推进智力，既不受实际政治之牵掣，尤不为任何关系所绊系，故须广征各界领袖，罗致国内学者，群力共举，以赴事功"②。理事长为孙科，常务理事为蔡元培、戴传贤、吴铁城、史量才、叶恭绰、郑洪年、孔祥熙、黎照寰八位，既包括教育界和学术界久负盛名的学者，也包括国民党的高级政要。另有理事29位，更是囊括了蒋介石、宋子文、孔祥熙、陈果夫在内的国民党首脑人物。事业方面，理事会下设总干事和副总干事，并设立编译部和研究部两个主要部门以及各种委员会。其中，吴经熊任中山文教馆副总干事，并兼任编译部主任。

中山文教馆把文化对外交往工作作为工作规划之一："本馆负有文化沟通之使命，将于各国文化机关之往来必多。"具体落实在工作中，就是重视编译，把编译作为成立伊始即确定的"初步工作"之一。由此观之，吴经熊作为编译部的负责人，能够说服孙科支持《天下月刊》就毫不奇怪了，其中固然有私交的原因，更是他分属应当的工作。编译部在吴经熊的带领下工作成绩令人瞩目，既包括外国经典的引入，也包括中国文化的输出。译

---

① 孙科：《八十略述（中）》，载朱传誉主编《孙科传记资料》（一），台北：天一出版社1979年版，第40页。
② 以下均引自南京市档案馆、中山陵园管理处《中山陵档案史料选编》，江苏古籍出版社1986年版，第748—763页。

人方面，有梅汝璈主持的《时事类编》。"本编目的在于使国人认识国际形势……搜集现代各种重要统计，介绍外人对于我国政治、经济、文化、社会等问题之观察与批评"，计划出版数百种国外著作；另有"中山文库"丛书，"凡关于自然科学、社会科学、哲学、文艺等之世界名著，可供研究总理遗教之参考者，在学术上有永久之价值者，可供研究本国实际问题之参考者，为取材原则"；以及国际时事丛书，收集"各国舆论关于某一政治、经济或社会问题之权威著作，予以有系统之编辑"。以上几套丛书，计划都十分庞大，虽然最后未能尽数落实，但在夭折之前，也做出了相当规模的成绩，比如"中山文库"就先后出版了63本。而在"译出"方面，主要的成果就是《天下月刊》。邓奇峰写道："出版之刊物计有《中山文教馆季刊》《时事类编》《英文天下月刊》等均系延聘专家学者执笔……《英文天下月刊》其创办目的在于沟通中西文化，内容至为丰颖，均能按期刊行，对国民文化学术水平之提高，功不可没。"[①]

孙科及其治下的中山文教馆对于《天下月刊》的热心和支持，也与国民党在这一时期的文化政策有关。这一阶段，国民党强调弘扬民族文化、启迪民族自豪感，以期适应民族觉醒、抵御外侮的时代需求，也以此突出民族矛盾来转移和淡化阶级矛盾。1936年1月10日，国民政府抄发《关于确定文化建设原则与推进方针以复兴民族案》的训令，1936年4月2日的《国民党中央文化事业纲要》明确提出，"发扬吾民族之优点，振作民族之自信心""发扬固有之文化""唤起民族意识""保存民族美德"等目标。[②] 叶恭绰在《一年来之中山文化教育馆》中，也特别强调

---

① 邓奇峰：《国父思想之实践与阐扬者——孙哲生先生（下）》，载朱传誉主编《孙科传记资料》（一），台北：天一出版社1979年版，第39页。
② 中国第二历史档案馆编：《中华民国史档案资料汇编·第五辑第一编·文化（二）》，江苏古籍出版社1994年版，第128页。

了中山文教馆弘扬民族文化的目的。而作为当时最主要的大众媒介形式，刊物无疑具有构建"想象的共同体"的重要作用，这也就无怪乎中山文教馆将"出版定期刊物"作为主要工作内容之一。因此，创办一本"向西方阐释中国文化"的期刊，无论从宏观的宗旨上还是具体的操作实践上，都非常符合中山文教馆的使命和需求。

从《天下月刊》的具体运行情况来看，中山文教馆对刊物具体工作干涉不多，却为《天下月刊》提供了稳定充足的资金来源，既在战争的动荡环境下，维持了《天下月刊》的正常运转与连续出版，也保证了《天下月刊》能以相当不菲的稿酬获得高质量的国际、国内稿源。《天下月刊》的稿费随南京国民政府不同时期的货币政策，先后定为每千字 20 墨西哥比索和 20 法币。据黎保荣《鲁迅〈自由谈〉稿酬考证及其启发意义》一文统计，20 世纪 30 年代，各大刊物给鲁迅的稿酬大都为每千字 4—6 元。[1] 相比之下，可见《天下月刊》稿酬之高。同时，根据现有原刊的情况以及 Life and Letters Today（《今日生活与文学》）"即便与最高的欧洲月刊相比，《天下月刊》也是内容质量很高、纸张印刷很精美的"[2] 的评论，《天下月刊》的装帧、纸张即便放在国际范围内来看都是相当精美的，这离不开中山文教馆的大力支持，也符合其面向高端读者的定位。

另外值得注意的是，作为中山文教馆的准机关刊物，《天下月刊》还享受到了一个额外的好处，即规避了国民党当时严格的

---

[1] 根据黎保荣的统计，各大刊物支付给鲁迅的稿酬如下：《动向》每千字 4 元左右、《现代》每千字 4—5 元、《文字》每千字 4 元左右、《申报月刊》每千字大约 6 元、《论语》每千字 4 元上下、《太白》每千字 4 元上下、《漫画生活》每千字 5 元左右、《读书生活》每千字 3 元多、《萌芽月刊》每千字 4 元左右。参见黎保荣《鲁迅〈自由谈〉稿酬考证及其启发意义》，《新文学史料》2008 年第 2 期。

[2] "Extracts from Reviews", T'ien Hsia Monthly, Vol. 4, p. 3.

出版审查，因此，在《天下月刊》上，我们可以看到一些左联作家以及陈翰笙等马克思主义经济学家的文章，甚至还有赞美红军长征的文字，反而成为更加自由的一个言论空间。

随着战事吃紧，中山文教馆的日常工作陷入了困难。邓奇峰写道："自民国二十六年西迁重庆起，至民国三十一年三月改组时止，因值战乱，环境与人事均更动甚大，研究与调查工作大受影响，故研究完成出版之书籍不多，如《平均地权》、《社会价值论》、《中国政治制度论》、《亨利乔治学说之研究》，及先生自己之言论《抗建七讲》等仅十种。又编印发行二种刊物，一为《抗战特刊》，先后出版有《中日关系及现状》、《军地理学》、《青年与革命》、《民生主义的真义》、《近世中日关系大事年表》等。另一种为《抗战丛刊》，已出版者计分通论、外交、军事、政治、经济、文教、敌情、对策、暴行等九类，凡一百零三种。"[①] 由此可见，从1937年到1942年，中山文教馆一方面人事变动频繁，出版刊物锐减；另一方面出版重点已转至与抗战相关的各种问题，文化交流在战时让位于民族生存危机。失去中山文教馆充裕经费支持的《天下月刊》在勉力维持了一年以后，于1941年8—9月出版了第12卷第1期后终刊。

二 《天下月刊》与其发行机构别发洋行

《天下月刊》的出版发行机构是上海的西文出版机构别发洋行（Kelly & Walsh Ltd.），又称别发印书馆。通过别发洋行遍布全球的发行网络，《天下月刊》以亚洲为中心，远销欧、美、亚各大洲的多个重要城市。销售网点包括：中国内地11处（上海5处、北平2处、汉口2处、天津1处、南京1处）、中国香港1

---

① 邓奇峰：《国父思想之实践与阐扬者——孙哲生先生（下）》，载朱传誉主编《孙科传记资料》（一），台北：天一出版社1979年版，第39—40页。

处、日本1处（东京）、新加坡1处、爪哇1处（巴达维亚）、英国5处（剑桥、牛津、伦敦）、德国1处（莱比锡）、法国1处（巴黎）、美国2处（纽约），详见表2-2。

表2-2　　　　　　　　《天下月刊》海内外销售点

国家	城市	地点
中国	上海	Kelly & Walsh Ltd. 南京路66号
		Chinese and American Publishing Co. 南京路78号
		The Commercial Press 河南路211号
		China News Co. 四川路477号
		Max Noessler & Co. 江西路331号
	北平	The Commercial Press
		The French Bookstore，北平饭店
	汉口	The Commercial Press
		The Lutheran Book Concern
	南京	The Commercial Press
	天津	The Oriental Bookstore
	香港	Kelly & Walsh Ltd.
英国	牛津	B. H. Blackwell Ltd.
	伦敦	Kegan Paul, Trench Trubner & Co.
		Hatchards
		Kelly & Walsh Ltd.
	剑桥	Heffer & Son Ltd.
法国	巴黎	Paul Geuthner
德国	莱比锡	Otto Harrassowitz Querstrasse
美国	纽约	G. E. Stetchert & Co.
		Columbia University Bookstore
日本	东京	Maruzen Co.
新加坡	新加坡	Kelly & Walsh Ltd.
爪哇	巴达维亚	G. Kolfle & Co.

在国内，别发洋行每年夏季还在外国人较为集中的避暑、度

假胜地如莫干山、庐山、北戴河等地设立临时分销处。

此外，别发洋行还拥有比较成熟的宣传途径，他们长期在上海、香港、横滨及新加坡四地的主要英语报章上刊登广告，宣传新近出版及进口的书籍。并且，由于出版刊物和书目众多，也常常以书籍或刊物之间互刊广告、相互宣传的方式进行推广。

别发洋行的历史可以追溯到19世纪末，是近代西人在上海开设的一个重要印刷出版机构，所出版的书刊相当一部分与中国有关。成立之初其业务较为混杂，包括贸易、出版等。发展至20世纪30年代，主营业务逐渐统一为书籍的出版、销售，以英语为主，法语为辅，间有德语，是当时上海西文书出版发行行业的执牛耳者。根据研究者的统计，别发印书馆在中国开展业务的八十多年间出版了大量书籍，从1870年至1953年共出版了约961种书籍（包括修订本和重印本），其中关于中国的书籍占了一半以上，共569种。[①] 别发印书馆将有关中国书籍的出版放在其经营中最重要的位置，与其成立时定下的营业计划密切相关。基于对当时图书市场的观察，他们认为中西方文化交流的需求正在增加："今外洋各地对于中国文化书籍之需要渐增，同时，中国对于西洋文化、工商业杂志等之需要亦众。"[②] 因此，别发印书馆旨在"增进中国文化之流入欧美各地（尤以英国及其海外属地为主），同时并协助欧美文化之流入中国"[③]。可见，别发洋行的销售策略与《天下月刊》沟通中西方文化交流的主旨恰恰相通。无论在影响力还是旨趣上，《天下月刊》选择别发洋行作为其出版机构都是顺理成章的。

---

① 参见孙轶旻《别发印书馆与近代中西文化交流》，《学术月刊》2008年第7期。
② 《英商别发印书馆股份有限公司在中国营业之业务计划书》，参见《上海市社会局关于英商别发印书馆股份有限公司登记问题与经济部的来往文书卷》（1947.4）。
③ 《英商别发印书馆股份有限公司在中国营业之业务计划书》，参见《上海市社会局关于英商别发印书馆股份有限公司登记问题与经济部的来往文书卷》（1947.4）。

在五十周年庆的广告上,别发印书馆列出了其最得意且广受好评的 39 种书籍,其中不乏汉学史上里程碑式的著作。例如,威妥玛《语言自迩集》(Thomas Francis Wade, Colloquial Chinese);蓝宁、库寿龄《上海志》(Georgia Lanning & Samuel Couling, The History of Shanghai);波乃耶《中国风土人民事物记》(James Dayer Ball, Things of Chinese, or Notes Connected with China)等。

这些书涉及中国研究的各个方面,其中不少在汉学界颇具影响,对于增进中西方文化交流、促进西方汉学发展、增加西方对中国的了解起到了非常重要的作用。

除了专著,别发洋行还出版发行定期刊物,其中不乏重要的汉学刊物。《皇家亚洲文会北中国支会会刊》是 1857 年成立于上海的"皇家亚洲文会北中国支会"的机关刊物,也是当时英语世界最重要的汉学杂志之一。该刊以"文会"为依托,刊发了许多具有相当价值的汉学论文,并集聚了一批喜爱中国文化、关心中国发展的汉学家,如卫三畏(Samuel Wells Williams)、丁韪良(William Alexander Parsons Martin)、福开森、艾约瑟(Joseph Edkins)等。《新中国评论》(The New China Review)由英国汉学家库寿龄于 1919 年在上海创办,旨在继承 1901 年停刊的《中国评论》(China Review)。《新中国评论》见证了两位英国汉学巨擘翟理斯(Herbert Allen Giles)和阿瑟·魏理(Arthur Waley)因中国古诗的翻译问题而进行的长达数年之久的著名论战。上述刊物的不少供稿人后来也成为《天下月刊》的撰稿人,有的发表文章数量还相当多。

但是,自创立以来,别发洋行长期主要为外国作者或外国在华机构出版书刊,中国人作为责任者的书则非常少。直到 1930 年前后,别发洋行为中国知识分子出版的英文书籍逐渐增多。这与中国知识阶层的实际情况息息相关。

20世纪前半叶，归国的留学生群体以及本土培养的具有英文读写能力的知识分子，形成了一定数量的英语阅读和写作群体。在当时，不少知识分子英语能力相当出众，不但能撰写英文文章，还能在国内西人主办的英文刊物或者国外英文刊物上发表。他们中的一部分人，自觉致力于中西方文化沟通，让西方了解真实的中国。辜鸿铭（1857—1928）、林语堂（1895—1976）、温源宁（1899—1984）等都是很好的例子。

其中，辜鸿铭可以算作先驱。辜鸿铭于1884年开始在上海的英文报纸 North-China Herald（《北华捷报》）上发表文章，后来，他将重要的儒家经典《论语》《中庸》《大学》译成英文，其中《论语》的英译本由别发洋行于1898年出版发行，题为 The Discourse and Sayings of Confucius: a New Special Translation Illustrated with Quotations from Goethe and Other Writers，即是上文所说20世纪30年代之前别发洋行所出版的少数中国作者的著作之一。

林语堂是中西文化交流史上的代表性作家，惯以英文写作，著作大多数在美国出版发行，但与别发洋行亦有渊源。其中 A History of the Press and Public Opinion in China（1936），由芝加哥大学出版，别发洋行印刷。林语堂最负盛名的作品之一，Moment in Peking: a Novel of Contemporary Chinese Life（《京华烟云》，1939）由纽约 The John Day company 出版，别发洋行于同年出版"特别授权中国版"（Special Authorized China Edition）。

温源宁目前可见的唯一出版作品 Imperfect Understanding，1934年由别发洋行出版。这是他在 The China Critic Weekly（《中国评论周报》）发表的人物专栏的合集，涉及胡适、吴宓、周作人、徐志摩、辜鸿铭等17位文化界的名人，以英式幽默风格见长。

因为经营范围稳定、出版作品质量高、营销网络广大，经过数十年的经营，别发洋行在世界范围内培养出了一批固定的读者群体，他们具有一定的文化修养，对中国文化有兴趣，且有一定的了解，其中一部分本身就是研究者、学者、汉学家。别发洋行通过多年经营形成的这一同好群体，跟《天下月刊》的目标读者高度重合。这些对中国文化有兴趣、有研究的读者，完全有可能成为以沟通中西方文化为使命的《天下月刊》的实际读者。因此，更为重要的是，别发洋行提供给《天下月刊》的不仅仅是成熟广泛的全球发行网络，更是已经培养成熟的目标读者群体，甚至还有围绕着别发洋行所形成的一个全球汉学学术共同体。因此可以说，将别发洋行作为发行渠道，是《天下月刊》进入英语世界的汉文化圈、汉学研究界的一条捷径。借助别发洋行的力量，《天下月刊》在较短的时间内就在海外汉学界产生了影响，也迅速获得了大量海外优质稿源。《天下月刊》的许多海外撰稿人，都是曾在别发洋行出版著作的汉学家。

根据 Worldcat[①] 上的搜索结果，目前，全球超过 90 余家图书馆收藏有原版《天下月刊》，可见借助别发洋行的行销网络，《天下月刊》当年发行范围颇广。此外，尽管别发洋行"几乎没有跟中国人做生意的意思"，但它在具有西文阅读能力的中国人中影响却不小。有论者考证了清末民初的知识分子常常前往别发洋行阅读采购书籍的事迹，[②] 如郑孝胥（1860—1938）、谭嗣同（1865—1898）、严复（1854—1921）、徐志摩（1897—1931）、郁达夫（1896—1945）、叶灵凤（1904—1975）、施蛰存（1905—2003）等。别发洋行在中国境内的销售点，也就成为中国国内的高级知识分

[①] Worldcat 是由 OCLC（联机计算机图书馆中心）开发创立的在线编目联合目录。作为世界最大的联机书目数据库，通过 Worldcat 目前可以搜索 112 个国家近 9000 家图书馆的书目数据。

[②] 参见黄海涛《别发洋行考：兼论近代中国知识分子与别发洋行》，载郑培凯、范家伟主编《旧学新知集：香港城市大学中国文化中心十周年论文集》，广西师范大学出版社 2008 年版，第 224—240 页。

子了解《天下月刊》的途径之一。事实上,《天下月刊》在中国知识分子圈中的影响也有迹可循,朱自清在日记中曾写道:"读1938年2月《天下月刊》上 H. H. 胡写的《陈三立的诗》,令人爱读。"并翻译摘录了其中的几句。周劭称,沈复的《浮生六记》经由林语堂在《天下月刊》的英译而"走红",被拍摄成电影、印为英汉对照的单行本作为学习英语的教材,"连西方人也沉醉于中国十八世纪一对平凡夫妻的平凡生活了"[①]。可见,《天下月刊》不仅在海外产生了较大影响,在国内具有英文阅读能力的知识分子中也形成了一定的影响力,并通过他们,把影响力放大到了更广阔的范围之中。

第三节 《天下月刊》的编辑与撰稿人群体

一 《天下月刊》的编辑部成员

《天下月刊》的主编与执行主编一直由温源宁与吴经熊分别担任。编辑人员则先后有过多次变动,人事变动的原因主要是编辑人员出国。创刊时的编辑部成员为温源宁、吴经熊、全增嘏、林语堂,林语堂去美国后,由姚莘农顶替,姚莘农去美国后,又由叶秋原顶替。编辑部成员各有分工,每人在刊物中负责某一方面的撰稿职责。《天下月刊》所有曾经任职的编辑中,除姚莘农一直在国内,没有留学经历外,其余所有人均有较长时间的欧美名校留学经历。唯一没有留学背景的姚莘农,也并不缺少西式教育和语言能力。他毕业于美国在华教会创办的东吴大学,英语阅

---

① 周劭曾在文章中写道:"他(林语堂)在《天下月刊》的文章,是沈三白《浮生六记》的英译,这本名著过去曾由'朴社'俞平伯等刊行过,经他一英译,突然走红起来……又拍摄成电影,又印为英汉对照的单行本,成为学习英语的教材,连西方人也沉醉于中国十八世纪一对平凡夫妻的平凡生活了。"参见周劭《姚克和〈天下〉》,《读书》1993年第2期。

读和写作水平都很高。姚莘农长期为国内外著名英文报刊撰稿，穿着打扮也是西洋派头，当时的报纸往往称呼他为"洋状元"。所以从教育背景来看，《天下月刊》的编辑成员是比较类似的。他们均在青少年时代接受了良好的传统蒙学教育，在高等教育时期，受到的则是系统、正规的现代西方学科培养，从而能在语言上游刃有余，在理解上将中西文化融会贯通。与此同时，各位编辑部成员又具有不同的专业背景。因此，《天下月刊》在向西方传播中国文化的过程中，能够更好地处理文史哲各个领域的知识和材料。

表2-3　　　　　　《天下月刊》编委会成员情况

姓名	生卒年	籍贯	最高学历	撰稿栏目	编辑方向	立法院职务
吴经熊	1899—1986	浙江宁波	美国密歇根大学法学博士	专著、翻译、书评	中西方思想、宗教、古典诗歌	1933年任立法委员
温源宁	1899—1984	广东陆丰	英国剑桥大学法学硕士、文学硕士	编辑的话、专著、书评	英国文学、中国问题	1936年任立法委员
林语堂	1895—1976	福建龙溪	德国莱比锡大学语言学博士	翻译、书评	古典文学、现代文学	无
全增嘏	1903—1984	浙江绍兴	哈佛大学哲学硕士	编辑的话、专著、书评	哲学、中西方思想、中国问题	1936年任立法委员
姚莘农	1905—1991	安徽歙县	东吴大学文学学士	专著、翻译、书评、年记	戏剧、文学	无
叶秋原	1907—?	浙江杭县	印第安纳大学政治学硕士	专著、书评	考古学、古代文化	1942年任立法委员

主编吴经熊生于浙江宁波殷实的商贾之家，家庭非常重视教育。他六岁开始接受中国传统的蒙学教育，背四书、学五经，就读于当地著名的私塾陈氏翰香小学；九岁开始学习英文，随后于

宁波绍西书院接受现代教育。1916年，吴经熊中学毕业后进入上海沪江大学就读，与徐志摩成为同窗好友。就读一段时间之后，在徐志摩的力邀下，两人一起转学进入天津的北洋大学（今天津大学），吴经熊在那里走上了法学道路，进行法律科预科的学习。完成法律科预科的学习后，吴经熊于1917年进入上海东吴大学法科学习。东吴大学是一所教会学校，由美国基督教监理会在1900年于苏州创办，是中国的第一所西式大学。在教务长查尔斯·兰金（Charles W. Rankin）的影响下，吴经熊逐渐亲近基督教。1920年7月，吴经熊以非常优异的成绩从东吴大学法科毕业，是东吴大学的第三届毕业生。随后，吴经熊开始了他的留学生涯，就读于美国著名的密歇根大学的法学院（Law School, University of Michigan）。1921年他以极其优异的成绩（十个满分）获得了法律博士学位。同年，他在法学界极负盛名的《密歇根法律评论》（*Michigan Law Review*）上发表了论文《中国古代法典与其他中国法律及法律思想资料辑录》（"Reading from Ancient Chinese Codes and Other Sources of Chinese Law and Legal Ideas"）。随后，他把论文寄给了美国最高法院的霍姆斯大法官，霍姆斯对他非常欣赏，从此开启了一段在中美法律交流史上被传为佳话的忘年交，二人一直保持通信直到霍姆斯去世。

取得博士学位后，吴经熊受到来自卡内基基金会的资助，在欧洲各国高等学府继续研究深造。他先后在法国巴黎大学、德国柏林大学等著名学府从事哲学和法学的研究。1923年，吴经熊受邀重新回到美国，进入顶级学府哈佛大学进行比较法哲学的研究。吴经熊在法学学科上颇有建树，回国以后，又于1929年赴美国西北大学和哈佛大学讲学。

1924年，吴经熊回国。回到上海后，他仍然主要在法学领域活动。他首先进入高等教育领域，执教于东吴大学法学院，为法学院院长。1927年，吴经熊出任公职，担任上海会审公廨法官、首席大法官、法院主席，成为孙科治下立法院的重要人物。1933年任立法院立法委员、司法院法官、中华民国宪法起草委员会副主席，负责撰写《中华民国宪法草案初稿》，1935年发起创立《天下月刊》并任主编。1946年，吴经熊任中华民国驻梵蒂冈教廷公使，1949年辞职后赴美教授中国文化课程，1966年定居中国台湾任台湾中国文化学院教授。

  吴经熊虽然是《天下月刊》的执行主编，但他在南京立法院任重要公职，在上海的时间较少。对刊物而言，实际运行和编务工作参与不多，主要贡献在于为刊物争取政府方面的支持。但是吴经熊也为《天下月刊》撰写了一些有影响力的稿件。他在《天下月刊》的撰稿主要涉及两个方面。一是与中西方思想有关，探讨儒、道、天主教对心灵、人性的规范。1937年，吴经熊正式皈依天主教，这是其人生的一次重大转折，之后他的精力与重点放在翻译圣经、研习教理与宗教哲学方面。不过，在成为天主教徒之前，吴经熊已经在精神皈依之路上探寻了相当长的一段时间，试图解决灵魂的归属问题。《天下月刊》第1卷第1期及第2期连载了他撰写的《孔子的真面目》（"The Real Confucius"）。吴经熊的法学出身和对自然法的信仰，使他早年对儒家学说持相对否定的态度。但在信仰层面发生了变化之后，他对儒家学说的看法发生了变化。他用基督教的精神，重新理解儒家思想，从而将其看作一种在现实人伦层面上的人格修养之旅。他提出了"内心悦乐"的哲学思想，构建起基督教宗教思想与传统儒家思想的精神联系："整个说来，儒家所关心的是倾向于伦理和实际的生活，而其悦乐的根源，在于做人的踏实尽职。"[①] 1939年11月至1940

[①] 吴经熊：《中国哲学之悦乐精神》，朱秉义译，上智出版社1999年版，第11页。

年 1 月，《天下月刊》在第 9 卷第 4 期至第 10 卷第 1 期上连载了吴经熊翻译的中英文对照本《道德经》。汉学家恒慕义（Arthur William Hummel）在 1961 年的单行本序言中认为"吴经熊的人生与社会阅历，尤其是他对神秘主义的研究"，使他在翻译时既能"忠于原文，又赋予了原文更多的内涵与灼见"[①]。

吴经熊在《天下月刊》发表的另一类稿件，是对中国古典诗词的译介。吴经熊幼时接受中国传统教育，喜爱古典诗词。在早年的求学之路上，他与徐志摩有同窗之谊，在徐志摩的影响下，他始终对诗词抱有浓厚的兴趣，自己也创作古体诗。他在《天下月刊》发表了英文唐诗断代史"The Four Seasons of Tang Poetry"（《唐诗四季》）。除此之外，1938—1939 年的两年时间里，吴经熊还以李德兰（Teresa Li）为笔名，在《天下月刊》发表英译汉诗，以唐诗宋词为主。

此外，吴经熊与霍姆斯大法官的通信，也有一部分刊登在《天下月刊》上。

《天下月刊》的日常编辑、出版、营运工作主要由主编温源宁负责。温源宁毕业于剑桥大学，虽然他是法学专业的学生，却非常热爱英国文学。在剑桥期间，他跟随狄更生学习，也因此结识了同在剑桥跟随狄更生学习的徐志摩。回国以后，温源宁从 1925 年起担任北京大学英文系主任，并兼任北京大学外国文学系、北平大学女子学院外国文学系主任，在北京大学、清华大学等学校教授英文写作、英国文学、西方文学课程，被胡适称为"最时髦""身兼三主任，五教授"[②]，钱锺书、张中行等人都听过他的课，在北京外国文学界享有盛誉。哈罗德·阿克顿评价

[①] John C. H. Wu translated, *Lao Tzu Tao Teh Ching*, New York: ST. John University Press, 1961, p. 5.

[②] 曹伯言整理:《胡适日记全编》(6)，安徽教育出版社 2001 年版，第 53 页。

说,"他(温源宁)总是能发现黄金的新纹路,《荒原》对他毫无秘密可言,我从未听过谁比他更好的吟诵。英国文化协会都找不到比他更好的传播英国文化的人选"①。此外,他还通晓古希腊语、拉丁语、法语、希腊语等。温源宁作为《天下月刊》主编,负责收稿,并撰写每期刊物卷首的"编者按"。"编者按"内容芜杂,也是《天下月刊》最与时事相关联的栏目。除介绍当期内容外,还涉及时政、文化艺术界的动向、国民经济建设、战争局势与进展等。但是,这一栏目保持了《天下月刊》"不涉党派纷争"的理念,从未涉及国共之争等话题。抗战全面爆发后,关于战争形势的评论,鼓舞人民奋起抗日、谴责日本侵略者的内容在"编者按"中占据了相当大的篇幅。

除撰写每期编者按以外,温源宁主要负责介绍评论西方文坛尤其是英国文坛的情况。《天下月刊》虽然以向西方介绍中国文化为主,但是,作为一本中西文化交流的刊物,也划出了一小部分篇幅向中国读者介绍评点当代西方文学思想动向。除了西方文学评论界的撰稿人士,中方负责此部分内容的主要就是温源宁,他在《天下月刊》刊发了多篇介绍20世纪英美文学的文章。如1937年2月发表的《当代英国四诗人小注》("Notes on Four Contemporary British Poets")、1936年4月发表的《瓦尔特·德拉·梅尔的诗》("Walter De La Mare's Poetry")、1935年10月发表的《乔治·威廉·拉塞尔的诗》("A. E's Poetry")等。在撰写书评方面,温源宁主要负责评论与中国文化和抗战时期中国问题相关的英文书籍。此外,温源宁在艺术方面亦有造诣,撰写了少量关于中国艺术的文章,如1935年8月发表的《中国画的民族特色》("Racial Traits in Chinese Painting")、1936年9月发表的《艺术

---

① Harold Acton, *Memories of an Aesthete*, London: Methuen, 1948, p. 329.

年记》（"Art Chronicle"）等。

1936年温源宁任立法院立法委员，1938年任国民党中央宣传部国际处香港支部主任，这两种公职尤其是后者对第二次世界大战期间《天下月刊》的中西文学交流活动影响甚大。国民党中央宣传部国际处香港支部在抗日战争期间主要负责争取外国对中国抗战的同情和支持，并借助香港的地缘优势，负责与同盟国有关的联络工作。"在1942年以前，该办事处是国宣处整个组织中至为重要的联络站，对外为一切国际宣传刊物运寄国外的发送站，对内为招引各国作家、记者以及知名人士前往内地的招待站。同时还秘密与香港政府及各国情报人员联络，利用当地英文报纸撰发通讯稿等。1942年香港沦陷后，该处人员大部分回渝，少数留港人员转入地下活动。"[1] 在时任香港《光明报》总经理萨空了所著的《香港沦陷日记》里，有香港沦陷后温源宁向他转达英国情报部驻港办事处要求的记载。[2] 该机构于1938年2月创办了另一英文刊物 Far Easten Mirror（译作《远东镜》或《远东镜刊》），该刊在第一期的"编者按"里就高昂宣告"我们要在刊物诞生的第一天就宣告它的宗旨……这里每一篇文章，无一例外地，都与远东事务有关，具体来说，与中国和日本有关"[3]，受温源宁身份转变以及抗日形势日渐紧迫的影响，《天下月刊》在抗战全面爆发以后明显地向与抗战有关的内容倾斜。

除主编以外，《天下月刊》在实际工作中对刊物内容贡献最大，尤其对现代文学的译介贡献卓著的编辑是姚莘农。

姚莘农，又名姚克，是20世纪三四十年代上海戏剧界的著名编剧。1937年卢沟桥事变后，他参与发起成立了全国文艺界最早

---

[1] 武燕军：《抗战时期的国际宣传处》，《民国档案》1990年第2期。
[2] 萨空了：《香港沦陷日记》，生活·读书·新知三联书店1985年版，第61页。
[3] "Editorial Commentary", *Far Eastern Mirror*, Vol. 1, No. 1, Feberary 1938, p. 2.

的抗日统一战线组织——中国剧作家协会，并参与创作集体合作的三幕剧《保卫卢沟桥》。1941年，他与费穆创建天风剧团，主持演出了《浮尘若梦》《十字街头》《梅花梦》等剧目，天风剧团后发展成为上海艺术剧团。上海沦陷后，他编写了借古讽今的历史剧《清宫怨》《楚霸王》《美人计》《蝴蝶梦》等，后根据多年的戏剧实践经验撰写了专著《怎样演出戏剧》，在戏剧理论与实践上都颇有造诣。

姚莘农在《天下月刊》主要负责现代文学和戏剧方面的编辑工作。毕业于东吴大学的姚莘农，虽然是《天下月刊》编委中唯一没有留学经历的一位，但英语非常好，吴经熊、林语堂等人都非常赏识他。据周劭回忆，姚莘农作为"年轻人"，在《天下月刊》的编辑中承担的实际工作很多。[①] 鲁迅去世后，他作为鲁迅的知友在《天下月刊》发表了悼念鲁迅的长文《鲁迅：他的生平和他的作品》（"Lu Hsun: His Life and Works"），细致地向西方介绍鲁迅在文学、思想等方面的成就。在担任编辑期间，他发挥所长，在《天下月刊》中对中国戏剧的译介方面贡献尤著。他翻译了曹禺的《雷雨》并在《天下月刊》上连载，而《天下月刊》发表的另一部中国现代戏剧正是他创作并翻译的抗战题材戏剧《当女孩回来时》。此外，古典戏剧《贩马记》（*Madame Cassia*）和《打渔杀家》（*The Right to Kill: A Translation of a Play Generally Known as The Ch'ingting Pearl, or Fishing and Massacre*）也是由他翻译并经由《天下月刊》首次译介到西方。他还通过发表兼具普及性与学术性的论文来介绍中国戏剧，如1935年11月的《元杂剧的主题与结构》（"The Theme and Structure of the Yuan Drama"）、1936年1月的《昆曲的兴衰》（"Rise and Fall of the K'un Ch'u"），以及连

---

① 周劭：《姚克和〈天下〉》，《读书》1993年第2期。

续两年（1936、1937）撰写介绍当年度中国现代戏剧发展状况的《戏剧年记》（"Drama Chronicle"）。此外，他还执笔了1937年的电影年记，题为"The Chinese Movies"。

姚莘农始终非常积极地从事中外文化交流的工作，并不局限于《天下月刊》。他曾参与埃德加·斯诺《活的中国》的编辑工作并帮助翻译《阿Q正传》等作品，是斯诺的得力助手。他还长期为 North China Daily News（《字林西报》）、Millard's Review（《密勒氏评论报》）、Life and Letters Today 等英文刊物撰写关于中国文学文化的稿件，在读者中影响颇大。Life and Letters Today 常将他的名字印在广告上吸引读者。在向西方介绍中国文学和文化的同时，他还通过《申报·自由谈》《译文》等刊物把《茶花女》《卡门》《天才》《巴黎圣母院》《双城记》等西方作品译介给中国读者。1937年，姚莘农作为唯一的中国代表参加苏联戏剧节，而后赴英美开展广场演讲，为中国抗战争取国际支持，在海外"为祖国勇劳"①。

全增嘏是《天下月刊》自创刊开始，在六年刊物存续期间始终未曾缺席的编辑，对刊物的贡献显著而稳定。全增嘏1927年自哈佛大学学成归国后，于1928—1937年先后在各个高校担任教职。曾任教的学校包括中国公学、大同大学、大夏大学、光华大学、暨南大学等。除教职以外，全增嘏也稳定从事编辑工作。他与上海著名出版家邵洵美关系密切，曾经出任邵洵美的邵氏时代图书公司旗下《论语》《人言》等重要刊物的编辑。全增嘏在《天下月刊》除发挥专业长项，撰写、编辑中西方哲学思想相关的稿件以外，还先后撰写了20多篇书评，涉及战时中国问题等方面，尤其是以对英文论著的评议居多。

---

① 《姚克也去苏联，并想到伦敦巴黎去》，《影与戏》1937年第34期。

第二章 《天下月刊》的创办及概况

林语堂虽然自创刊即担任《天下月刊》编辑之职，但实际上并没有做多少真正意义上的编务工作，更像是"挂名"。林语堂在《天下月刊》发表的稿件数量也并不很多，仅见于1935年、1940年两年。不过，这并不是说林语堂对《天下月刊》没有贡献，他对刊物的贡献更多在于借助自己的名声，扩大刊物的影响力，尤其体现在他翻译并发表《浮生六记》（"Six Chapters of a Floating Life"）上。《天下月刊》自创刊，就开始连载《浮生六记》，一连刊载四期。据周劭回忆，《浮生六记》在《天下月刊》的连载，极大地提高了《天下月刊》的销量。[①] 林语堂作为20世纪30年代沪上的文化名人，主持多份报刊，在出版界地位颇高，并且他与众多欧美名人来往密切，尤其是跟一批旅居上海的美国文化界人士交往颇多，在中西文化交流方面贡献卓著，是当时上海的中西方文化交流场域的重要人物之一。因此，借助林语堂在文化界的个人关系、人脉网络和影响力，《天下月刊》的组稿及海外宣传也获得了相当大的助益。

1939年8月起，《天下月刊》的编委名单中出现了叶秋原的名字。叶秋原，原名叶为耽，1922年毕业于杭州宗文中学。他与施蛰存、戴望舒、张天翼等人交往甚笃，并共同组织成立了"兰社"。后来，他赴美国学习社会学，获硕士学位。20世纪30年代初，叶秋原回国以后，在史量才安排下进入申报馆资料馆工作，并为《前锋周报》起草了《民族主义文艺运动宣言》，成为这一派别的中坚力量。叶秋原和全增嘏一样，曾在邵洵美的时代图书公司任编辑。叶秋原在《天下月刊》中发挥自己社会学方面的专长，发表过几篇和古代文明、古代文化有关的文章，并以凌岱为笔名，写作了1938年、1939年两年的《诗歌年记》（"Poetry Chronicle"）。

[①] 参见周劭《姚克和〈天下〉》，《读书》1993年第2期。

值得注意的是，虽然为《前锋周报》同人，但是，叶秋原在《天下月刊》的撰稿谨遵《天下月刊》摒弃政治纷争的原则，并不曾将党派纷争和政治因素带入其中。

二 《天下月刊》的国内撰稿人群体

在《天下月刊》六年多的办刊历程中，从刊物实际发文情况来看，由于编辑部成员广泛的交游和刊物丰厚的稿酬，《天下月刊》稿源充足，撰稿人多元，既有国内学者，也有海外汉学家、作家。《天下月刊》的国内撰稿人广而精，涉及的专业领域很多，其中不乏各个领域的顶尖学者和研究者，从而保证了《天下月刊》的学术性和权威性。

表2－4　《天下月刊》主要国内撰稿人情况（两篇以上）

姓名	籍贯	留学背景	职业及活动	撰稿内容
胡先骕	江西新科	加利福尼亚大学农学学士、哈佛大学植物分类学博士	执教于东南大学、北京大学等多所高校，"学衡派"成员	科学、诗歌
陈受颐	广东番禺	芝加哥大学比较文学博士	先后任教于岭南大学、北京大学	中外比较文学
邵洵美	浙江余姚	剑桥大学（肄业）	出版家、翻译家、新月派诗人	现代诗
钟作猷	四川双流	爱丁堡大学文学博士	先后任教于多所高校	英国文学
陈依范	特里尼达华侨	莫斯科绘画学院	新闻工作	中国艺术
郭斌佳	江苏江阴	哈佛大学历史学博士	先后任光华大学、武汉大学教授	中国历史
萧公权	江西泰和	康奈尔大学政治学博士	先后执教于数十所大学，中华民国第一届中央研究院院士	政治学
金岳霖	湖南长沙	哥伦比亚大学哲学博士	先后任教于清华、西南联大	政治、文学

续表

姓名	籍贯	留学背景	职业及活动	撰稿内容
骆传华	不详	社会学	就职于中央宣传部国际宣传处	中国问题
夏晋麟	浙江鄞县	爱丁堡大学哲学博士	外交、上海美德赫斯特书院校长	历史、中国问题
吴光清	江西九江	密歇根大学图书馆学硕士、芝加哥大学图书馆学博士	先后任职于国立北平图书馆、美国国会图书馆	中国图书事业
黄维廉	上海	不详	先后任职于南京中央大学图书馆、上海圣约翰大学罗氏图书馆	图书学

资料来源：徐友春主编：《民国人物大辞典》（增订本），河北人民出版社2007年版。

与中国现代文学、文化关系密切的撰稿人主要有以下几位。

胡先骕。1912年起，胡先骕先后进入美国加利福尼亚大学和哈佛大学，学习农学和植物学，归国后，成为中国近代植物学的奠基人之一。他先后在东南大学、北京大学等高校执教，还在抗战时期担任中正大学校长。同时，胡先骕在文化界也赫赫有名，以"学衡派"成员的身份为人所熟知。他从留学时期起，就受到白璧德等人新人文主义的影响，于1922年与梅光迪、吴宓等人一道发起成立《学衡》杂志，并承担大量撰稿工作。胡先骕在《天下月刊》共发表两篇文章，1937年5月的《生物科学年记》（"Chronicle of the Biological"）展示了他作为植物学家的专长，1938年2月的《诗人陈三立》（"Chen San-Li, The Poet"）反映的则是他在文化领域的成就，此即前文提到朱自清称赞"令人爱读"的文章。两篇文章正好分属他的两个学术领域，代表了他跨学科、跨领域的成就。胡先骕在《天下月刊》的另一贡献是发表了九首苏轼诗歌的译诗。与同时代的许多知识分子一样，胡先骕本人也写诗。他一生坚持写旧体诗，他的旧体诗诗宗同光体，受到该诗派的代表人物陈三立等人提携，他本人的诗歌风格，也影响了他诗歌的翻译风格。

陈受颐。他1925年起赴美国芝加哥大学学习文学，获得博士学位。因为比较文学专业的学术背景，他较早地关注到了中国文化在西方（主要是欧洲）的传播与影响这一议题。回国后，他的一系列相关研究成果首先发表在《岭南学报》上。陈受颐在《天下月刊》一共发表了四篇文章，均为论文，仍然是他擅长的中外文化关系的主题，也与《天下月刊》的办刊主旨高度契合。其中，1936年4月的《十八世纪欧洲之中国园林》（"The Chinese Garden in Eighteenth Century England"）与1936年9月的《赵氏孤儿：一部元曲》（"The Chinese Orphan：A Yuan Play"）两篇是早年在《岭南学报》所发论文的英译稿。另有两篇首发文章——1939年1月的《奥利弗·哥德史密斯与〈中国人信札〉》（"Oliver Goldsmith and his Chinese Letters"）与1939年8月的《早期耶稣会士对崇祯帝的影响》（"The Religious Influence of Early Jesuits on Emperor Ch'ung Chêng of the Ming Dynasty"）。

邵洵美是国内撰稿人中与《天下月刊》编辑部成员关系颇为密切的一位。邵洵美是沪上有名的"翩翩佳公子"。他既是新月派诗歌的代表人物之一，也是沪上声名显赫的出版大亨。邵洵美家世雄厚又热衷出版，以邵、盛（邵洵美夫人）两家的家产为基础，构建起庞大的出版王国。1927年，他从剑桥大学中断学业归国，开启了他的诗歌、出版事业，对中国现代文学的发展做出了自己独特的贡献。1933年，他又创办了上海时代图书公司。邵洵美也主张促进中西文化交流，但是他的理念与《天下月刊》诸人不尽相同，《天下月刊》走的是上层知识分子的路线，邵洵美则认为文化的交流更应该是大众的、普及的。为此，他尝试与美国记者项美丽合作，在时代图书公司创办了一份中英文双语通俗刊物《声色画报》（*Vox*），不过仅仅出了三期便宣告停刊（1935年9—11月）。邵洵美在《天下月刊》发表的文章既有译文也有论文，译文是与项美丽合译的沈从文《边城》（"Green Jade and Greeen Jade"），论文则有1936年、1937年两年的《诗歌年记》（"Poem Chronicle"）以及1938年9月的长篇论文《孔子论诗》（"Confucius on Poetry"）。邵洵美对《天下月刊》的另一个贡献是，因为家底雄厚又仗义疏财，且醉心于文化出版事业，邵洵美与沪上相当一部分知识分子关系相当密切，邵洵美家的文化沙龙是当时沪上最重要的文化盛事，为包括《天下月刊》同人在内的中外文化界人士建构起了一个社会学意义上的文化交往空间。他和他的外国情人项美丽的寓所，是《天下月刊》同人及撰稿人们除《天下月刊》编辑部外最为重要的聚会地点。关于邵洵美与《天下月刊》的关系，在后文关于邵洵美翻译《边城》的部分另有论述，此不赘述。

陈依范是现代画家，具有英国留学背景，出版有译著《马蒂斯》。著作有《苏维埃艺术和艺术家》《中国的戏剧》《俄罗斯绘画》以及《中国的绘画和木刻》。他在《天下月刊》发表的三篇文章也都与艺术有关，主要涉及20世纪30年代中国现代艺术。

夏晋麟，爱丁堡大学哲学博士。1922年回国后进入国民政府，主要从事外交工作，先后出任过接收威海卫代表团秘书、南京国民政府外交部秘书、驻美参事等职务，与吴经熊等人同样为孙科所器重，1935年任立法委员，1937年参加孙科访俄使团。他在《天下月刊》发表的稿件涉及的主题比较多，既有与古代思想典籍相关的，也有涉及小说、戏剧的。

除以上几位主要国内撰稿人外，《天下月刊》的国内撰稿人尚有钱锺书、童隽、许地山、林同济等。这些国内主要的撰稿者与译者，从学历背景来看，因为需要英文撰稿，所以撰稿人大多具备英、美留学背景；又因为《天下月刊》的刊物属性，要求大部分文章兼具普及性与专业性，因此相当多的撰稿人具有硕士或者博士学位。从撰稿人的专业知识构成来看，涉及的专业比较驳杂，以人文学科、社会学科为主，广泛分布在文学、艺术学、社会学、考古学、历史学、政治学等领域；但值得注意的是，他们的撰稿并不一定局限于自己的专业领域，而是常常"跨界"，由此也可以一窥在现代时期，现代学科制度刚刚在中国建立和规范之际，那一代知识分子更为广博自由的知识谱系。从撰稿人所从事的主要职业来看，既有从事学术研究的学术界、教育界研究者，也不乏出版界、文化界名流，还有在政府部门任职者；从撰稿人的文化立场来看，"左""中""右"都有；从撰稿人的活动地域来看，在各个文化繁盛、名流聚集的地方都有，上海、北平尤为集中，武汉、江苏等地亦有分布。总之，《天下月刊》的撰稿群体，知识构成比较复杂、观点包容性强、社会身份多样，从而也能够更好地维护刊物一直努力坚持的独立性与公平性："我们欢迎所有不带攻击性关乎思想领域的稿件。在文化领域，无论是何阶层何状况的人士，无论是属于何种团体党派，都能友好的交换其观点。"[1] 另外，多样化的撰稿人群体，也使这份旨在实现中西方之间更好的文化理解的英文刊物既能刊载学术论文，又能接受一般知识分子的投稿，学术性与普及性共存，雅俗共赏而不失严谨。

三 《天下月刊》的国内译者群体

中国文学作品的翻译是《天下月刊》向西方介绍中国文学的主要手段之一。编辑部同人姚莘农等人，本身也参与选稿和译介工作。除此之外，《天下月刊》还网罗了一批高水平译者，详见

---

[1] Wen Yuan-ning, "Editorial Commentary", *T'ien Hsia Monthly*, Vol. 1, No. 5, December 1935, pp. 491–492.

表 2-5。

表 2-5　　　　　　　《天下月刊》主要国内译者

姓名	职业与活动	翻译领域
陈世骧	北京大学学生	现代诗
邵洵美	出版家、翻译家、新月派诗人	现代诗、沈从文小说
王际真	哥伦比亚大学东亚系教员	鲁迅小说
任玲逊	国民政府中央社总社英文编辑部主任	现代小说
凌叔华	作家	现代小说
失名（杨刚笔名）	中共党员、左联成员	现代小说
胡先骕	学衡派成员、执教于多所高校	古典诗词
毛如升	中美文化交流中心	古典文学
徐诚斌	圣约翰大学学生	古典文学

《天下月刊》所翻译的作品，不仅仅局限于文学领域，而是既有对中国古代思想典籍的翻译、解读和介绍，也有对古代中国诗歌、小说、戏剧以及现代文学中的小说、戏剧、诗歌的翻译。

在现代诗歌翻译方面，《天下月刊》发表的主要译作来自陈世骧与哈罗德·阿克顿所译 Modern Chinese Poetry 一书的部分篇目（当时还未出版）。陈世骧当时正在北京大学读书。1936 年毕业后，陈世骧先后在北京大学和湖南大学担任讲师，而后于 1941 年赴美继续深造，在纽约哥伦比亚大学专攻中西文学理论，而后执教于加州大学伯克利分校东语系，负责中国古典文学和比较文学的教学研究工作。

而在现代小说翻译方面，在《天下月刊》发表译作最多的是任玲逊。在 1936—1938 年，任玲逊共刊发英译作品 10 篇，包括谢文炳《爱国者》（"The Patriot"，1936 年 9 月）、冰心《第一次宴会》（"The First Home Party"，1937 年 3 月）、萧红《手》（"Hands"，1937 年 5 月）、巴金《星》（"Star"，1937 年 8—11 月连载）、叶绍钧《遗腹子》（"A Man Must Have A Son"，1938 年 4 月）、老舍

《人同此心》("They Gather Heart Again",1938年11月)、鲁彦《好铁不打钉》("Good Iron is Not for Nails",1940年2月)共7位小说家及其作品。其中巴金的《星》和萧红的《手》于1943年发行了单行本。

任玲逊毕业于北平燕京大学,后到美国西雅图华盛顿大学专攻新闻学,其后回国加入北平英文时事日报社工作,任助理编辑,后担任国民政府中央社总社英文编辑部主任。任玲逊虽从事新闻事业,但作为英美留学生群体的一员,其文化传播的努力也延伸到新文学的英译上。同时,在1938年12月《天下月刊》上,任玲逊发表了关于《活的中国:现代中国短篇小说》的书评。

《天下月刊》在现代文学方面另一重要译者是王际真。《天下月刊》发表了鲁迅小说的三篇译作,其中两篇为王际真所译(《孤独者》《伤逝》)。王际真早年毕业于清华留美学堂(清华大学前身),1922年赴美留学,后来又在哥伦比亚大学任教。王际真是哥伦比亚大学东亚系第一位中国教员,他花费了大量的心血,将一些中国古代文学、现代文学作品翻译到西方。后来,他将夏志清引荐到哥伦比亚大学东亚系,为战后美国汉学界的发展做出了宝贵的贡献。鲁迅的另一篇作品《怀旧》的译者是冯余声。冯余生是左联成员,翻译过鲁迅的《野草》。可惜冯余声的这一译稿尚未能付梓便毁于战火,无缘得见。

沈从文的小说在《天下月刊》上有三篇译文刊载。其中《王老太的鸡》(即《乡城》)刊载于第11卷第3期(1940年12月至1941年1月)。译者署名"失名"(Shih Ming),实际为左联成员杨刚。上海沦陷后,杨刚曾经借住于邵洵美、项美丽在法租界的寓所,暗中进行革命活动。在此期间,她翻译了毛泽东的《论持久战》,并连载于邵洵美、项美丽合编的《直言评论》(*Candid Comment*,第3—6期,1938年11月至1939年2月)。《萧萧》译者为李宜燮，1936 年毕业于北京大学英文系，当时是北京辅仁大学英文系的年轻讲师。在中国文学外译方面，他还曾将冯梦龙的《醒世恒言》翻译成英文，1941 年由 Golden Cockerel 出版社出版。中华人民共和国成立以后，李宜燮从 1952 年至逝世一直任南开大学外文系教授、研究生导师。《边城》由邵洵美与项美丽合译，后文对这篇译作有专门的介绍和分析。

四　《天下月刊》的外籍撰稿群体

作为一份由中国知识分子主办、致力于面向西方传播中国思想文化的全英文刊物，《天下月刊》为了保证刊物的公正性与国际性，在办刊之初对撰稿队伍有过一个设想："作为一份中国人创办的期刊，大部分的文章肯定会是中国人所写。但是为了避免国际偏见之嫌，每期《天下月刊》至少登一篇外国人士所写的文章，内容最好是与中国无关，但我们还是最欣赏思想类的文章。"① 由此可见，《天下月刊》最初的文化交流设想中，是由中国知识分子作为中学西传的主体，而由西方人士负责介绍西方文化，且这部分比重并不大。

但从实际刊稿情况来看，与当初的设想出入比较大。西方汉学到《天下月刊》创办时期的 20 世纪，已经经过了将近 300 年的发展历程，相当大程度上成为兼具学科化、专业化、国际化的专门研究领域。与此同时，20 世纪 30 年代的上海和香港作为远东重镇，对外交往非常频繁，聚集了大量来华外籍文化人士，而他们又与西方汉学圈有着千丝万缕的联系。《天下月刊》作为第一份由中国人主办的全英文文化期刊，很快就引起了海外汉学界、外国记者和文化名人的关注，再加上别发洋行的助力，使

---

① Wen Yuan-ning, "Editorial Commentary", *T'ien Hsia Monthly*, Vol. 1, No. 1, August 1935, pp. 6 – 7.

《天下月刊》比较容易吸纳外籍撰稿人士的稿件。外籍撰稿人成为相当重要且高质量的稿件来源。外籍撰稿人不仅在人数与稿件数量方面与国内撰稿人平分秋色，部分撰稿人训练有素，在专业性与权威性方面还更胜一筹。

所谓文化交流，当然是以"双向"为佳，外籍撰稿人的加入正好可以促进文化交流的有来有往。因此，虽然与刊物最初的设想有区别，却更好地保证了文化交流的充分和有效。也正因如此，《天下月刊》实际上成为一个学术交流的平台。

《天下月刊》的外籍撰稿人情况详见表2-6。

表2-6　　　　《天下月刊》主要外籍撰稿人情况

人名	国籍	活动领域	撰稿领域	发文数量
Arthur W. Hummel（恒慕义）	荷兰	外交界	中国文化	1篇
C. R. Boxer（博克塞）	英国	历史学界、高校	澳门史研究	8篇
Derke Bodde（德克·卜德）	美国	汉学界、高校	中国文化	2篇
Emily Hann（项美丽）	美国	新闻界、文学界	文学	37篇
Harry Paxton Howard（哈利·帕克斯顿·霍华德）	美国	高校	中国问题	5篇
Bernard Henri（裴化行）	法国	耶稣会传教士	中国文化	7篇
Harold Acton（哈罗德·阿克顿）	意大利裔英国	文学界	文学	11篇
Js Maria Braga（白乐嘉）	葡萄牙	教育界	澳门史研究	2篇
John Calvin Ferguson（福开森）	加拿大裔美国	教育界、文化界	文物、艺术	37篇

第二章 《天下月刊》的创办及概况

续表

人名	国籍	活动领域	撰稿领域	发文数量
John Middleton Murry（约翰·米德尔顿·穆雷）	英国	文学界	欧洲诗歌、欧洲文化	3 篇
Julian Bell（朱利安·贝尔）	英国	文学界	英国诗歌	6 篇
Owen Lattimor（欧文·拉铁摩尔）	美国	汉学界、政界、研究机构	边疆、蒙古问题	1 篇
Rufus Suter（鲁弗斯·苏特）	美国	图书馆	哲学	2 篇
Robert H. Van Gulik（高罗佩）	荷兰	汉学界、外交界	中国文化	1 篇

其中，与现代文学译介关系密切的主要有以下几位。

意大利裔英国作家哈罗德·阿克顿（1904—1994）是《天下月刊》最重要的外籍撰稿人之一。哈罗德·阿克顿出身艺术氛围浓厚的书香豪门，接受过一流的精英和贵族教育，是英国著名文化团体布鲁姆斯伯里集团的重要成员之一。赵毅衡评价他是"欧战后牛津大学的一批青年文人中风头最健者"[①]。第一次世界大战后，欧洲兴起了反思自身文明的思潮，在接触诸如翟理斯译的庄子、韦利译的白居易等中国古代经典后，阿克顿怀着对自身文明的不满和对东方文明作为"拯救的他者"的向往，于1932年从日本辗转来到中国，在北平旅居长达七年。在北京大学教学时，阿克顿与其学生陈世骧合作翻译了《中国现代诗选》（*Modern Chinese Poetry*，London，1936），这是第一部英译中国现代诗诗集，其中有七首诗在诗集正式出版前就发表在《天下月刊》上。此外，阿克顿非常喜爱京剧，他与美国人阿灵顿（L. C. Arlington）

[①] 赵毅衡：《对岸的诱惑：中西文化交流记》（增编版），上海人民出版社2007年版，第161页。

合作选译了 33 出京剧折子戏并整理为《戏剧之精华》一书，该书出版时，《天下月刊》也发表了书评。阿克顿还在《天下月刊》先后发表了《春香闹学》（Ch'un-Hsiang Nao Hsueh: a K'un-chü Light Comedy, from the Ming Dynasty Play Mu-tan T'ing by T'ang Hsien-tsu）、《狮吼记》（Scenes from Shih Hou Chi: a K'un-chü Light Comedy）、《林冲夜奔》（Lin Ch'ung Yeh Pên: a K'un-chü Monologue and pas seul）三出昆剧的英译本。他还在《天下月刊》发表了《中国现代文学的创造精神》一文，这是《天下月刊》发表的唯一一篇由外籍撰稿人撰写的专门论述中国现代文学的论文。

美国作家、记者、自由撰稿人项美丽（1905—1997）是《纽约客》杂志社的通讯记者。她 1935 年来到上海后，曾任《大美晚报》《字林西报》编辑，是在沪西方人士中的活跃分子。作为邵洵美的密友和情人，项美丽与邵洵美身边的文人圈往来密切，因此与《天下月刊》编辑部成员熟识，二人合作翻译了《边城》。作为一名自由撰稿人，项美丽是《天下月刊》重要的外籍书评人士，常常在书评栏目对最新出版的英美小说发表评论。

英国文学家朱利安·贝尔（1908—1937）则沟通起了著名的英国布鲁姆斯伯里文化圈与中国的京派文学，《天下月刊》是他的桥梁之一。朱利安·贝尔于 1935 年受聘为武汉大学英语与英国文学教授，与同在武汉大学任教的京派女作家凌叔华过从甚密。朱利安·贝尔在《天下月刊》发表诗作，撰写介绍英国诗坛的文章，与凌叔华合作翻译她的小说，试图将这位才华卓然的中国女作家介绍到西方文学界。对此，本书在后文中有专门论述。

英国诗人、文学批评家约翰·米德尔顿·穆雷（1889—1957）虽然身在英国，但通过与温源宁的私交关系，负责在《天下月刊》发表介绍欧洲诗歌与文明制度方面的文章。

第四节 《天下月刊》与上海中办英文报刊共同体

出于共同的留学背景、相似的办刊理念、高度重合的交际圈、类似的读者群体等原因，当时上海由中国人主办的英文刊物之间联系非常紧密，常常互刊广告，编辑之间也多有相互交叉的情况，此刊的编辑更往往是彼刊的主要撰稿人。当时，沪上中国人主持的英文刊物除《天下月刊》外，比较重要的还有《中国季刊》（*The China Quarterly*）、《大陆报》（*The China Press*）、《中国评论周报》（*The China Critic*）等，另有一本定期出版的《中国年鉴》（*The Chinese Year Book*）。

陈炳章（P. T. Chen）主编的英文刊物《中国季刊》，在1935—1941年共出版了9卷，由上海中国季刊公司（China Quarterly Co.）出版发行，公司位于上海江西路406号的浙江兴业银行大楼。该英文季刊中广泛刊载当时上海多种英文刊物的推荐广告。例如《中国季刊》第二卷（1936—1937）中有《中国科学美术杂志》的广告，其介绍为："在远东地区，没有其他杂志可以与《中国科学美术杂志》比较，该刊刊载真实有趣的内容和美丽的插图。在其书页里读者可以找到关于东方各地丰富的材料与信息，这是在其他大多数杂志中无法找到的。多次前往亚洲部分偏远地区的探索报告已首次在此出版。这个著名月刊的整体目标是吸引人的兴趣，同时艺术、科学、旅游、射击、钓鱼、商业和工业的话题都在其范围之内。"[1]

《大陆报》创办于1911年，初期为中美合办，1930年后，股份全部转让给了中国报界人士张竹平，董显光任主笔。报纸内容

---

[1] *The China Quarterly*, Vol. 2 (1936–1937), Shanghai: China Quarterly Co., 1938, p. 404.

以新闻报道为主，兼有关于中国文化的内容。《中国季刊》第一卷（1935—1936）中有《大陆报》的广告，其内容为："1. 为您的知识书籍每天增加一页；2. 密切关注世界新闻、国内新闻、本埠事件；3. 富有消遣性的连环画和填字游戏；4. 丰富有趣的内容：短篇小说，专题文章，一周大事。"[①]《大陆报》1935年11月新第1卷第14期上，就刊登了当时创刊不久的《天下月刊》广告，称其为："一份致力于中西之间思想文化交流的中国期刊，其特色栏目有：中国文学杰作的英译、艺术批评和哲学论文、中外重要出版物的书评等。"[②]

《中国评论周报》创刊于1928年5月31日，由上海中国评论出版公司出版，1928—1946年共出版34期。《中国季刊》多次为《中国评论周报》刊登广告，第一卷的广告内容为："如果您想了解进步中国的真实情况，如果您认为自己足够智慧，那您一定要阅读《中国评论周报》——最早的由中国人自办自编的英文周刊。"[③]《中国季刊》第二卷中所见该刊广告为："中国在她的政治、社会和经济结构方面，现正经历快速的变化。无论您是中国人或西方人，不管您从事商业，或是其他职业，您都能直接或间接地感受到这种变化。再也没有什么媒体比《中国评论周报》能够更好地为您提供关于这些变化的清晰看法和意见，由此您将不仅了解到今日的中国，而且还会了解到明天的中国。该刊特色栏目包括：1. 公正而大胆的时事评论；2. 涉及公众感兴趣的所有领域的专题文章；3. 海外华人专栏；4. 有关各种趣味性话题的小评论；5. 书评；6. 一周要闻；7. 官方文件。"[④]

[①] *The China Quarterly*, Vol. 1 (1935–1936), Shanghai: China Quarterly Co., 1936, p. 101.

[②] *The China Press*, Vol. 1, No. 14, November 1935, p. 47.

[③] *The China Quarterly*, Vol. 1 (1935–1936), Shanghai: China Quarterly Co., 1936, p. 21.

[④] *The China Quarterly*, Vol. 2 (1936–1937), Shanghai: China Quarterly Co., 1937, p. 38.

第二章 《天下月刊》的创办及概况

《中国评论周报》与《天下月刊》之间的关系尤为密切，两者长期互载广告。《中国评论周报》在介绍《天下月刊》的广告中经常引用纽约《亚洲杂志》（Asia）的评论："凡能说英语的人士都应该读《天下月刊》"，以及来自《太平洋事务报》（Pacific Affairs）的评价"一份无可替代的杂志"①。

《天下月刊》上也常常刊登其他英文刊物的广告，例如 1935 年 10 月的广告页中出现《中国评论周报》的广告："在中国的每个省都有《中国评论周报》的读者。"②（见图 2－7）饶有意味的是《天下月刊》上还出现了一些海外报刊的广告，如 1936 年 3 月出现纽约出版的美国汉学杂志《亚洲杂志》的广告（见图 2－9），英国著名文学艺术类刊物 Life and Letters Today 也长期在《天下月刊》刊载广告（见图 2－8），这也可以成为《天下月刊》当时影响力的一个侧面证明。

图 2－5　《天下月刊》所载《中国季刊》广告

---

①　"T'ien Hsia Monthly", *The China Critic*, Vol. 15, December 1936, p. 279; Vol. 14, October 1937, p. 47.

②　*T'ien Hsia Monthly*, Vol. 1, No. 3, October 1935, p. xx.

图2-6 《天下月刊》所载《大陆报》广告

除了以上所列举的中国人创办或参与编辑的英文刊物，当时上海还有以展示国家社会经济文化发展新成就为目标，并首次由中国人编辑出版、以英文撰写的年鉴——桂中枢主编的《中国年鉴》(*The Chinese Year Book*, 1935—1936)。其撰稿者多为官方政府要员或文化机构负责人。该书的指导委员会由蔡元培、李石曾、俞佐庭、陈立廷、冯炳南、郭秉文等十二位人员组成，蔡元培任主席并为《中国年鉴》撰写序言。在"序言"中，蔡元培称，"鉴于出版者关注思想的独立性，本卷可以其所载数据真实性而自豪"①。该书第二卷（1936—1937）则改由时昭瀛与张启贤编辑，仍由蔡元培主持指导委员会，委员中新增时任北京大学中文系主任的胡适、时任《大陆报》编辑的刁敏谦。第三卷仍由桂中枢主编。《天下月刊》也曾于1937年12月号刊登《中国年鉴》

---

① *The Chinese Year Book*, Shanghai: The Commercial Press Ltd., 1935, p. vii.

第二章 《天下月刊》的创办及概况

For Authoritative Information and Representative Opinions on Present Events in the Far East

Subscribe to

The China Critic
中國評論週報

The most popular English weekly of today edited and published in China

·

Subscription Rates for one year
(Including Postage)

China . . . . . . C. $10.00
Other Countries . . G. $5.00

———

Please send your subscription to

THE CHINA CRITIC Publishing Co.

191 Carter Road, Shanghai.　　　Telephone 31164.

图2-7　《天下月刊》所载《中国评论周报》广告

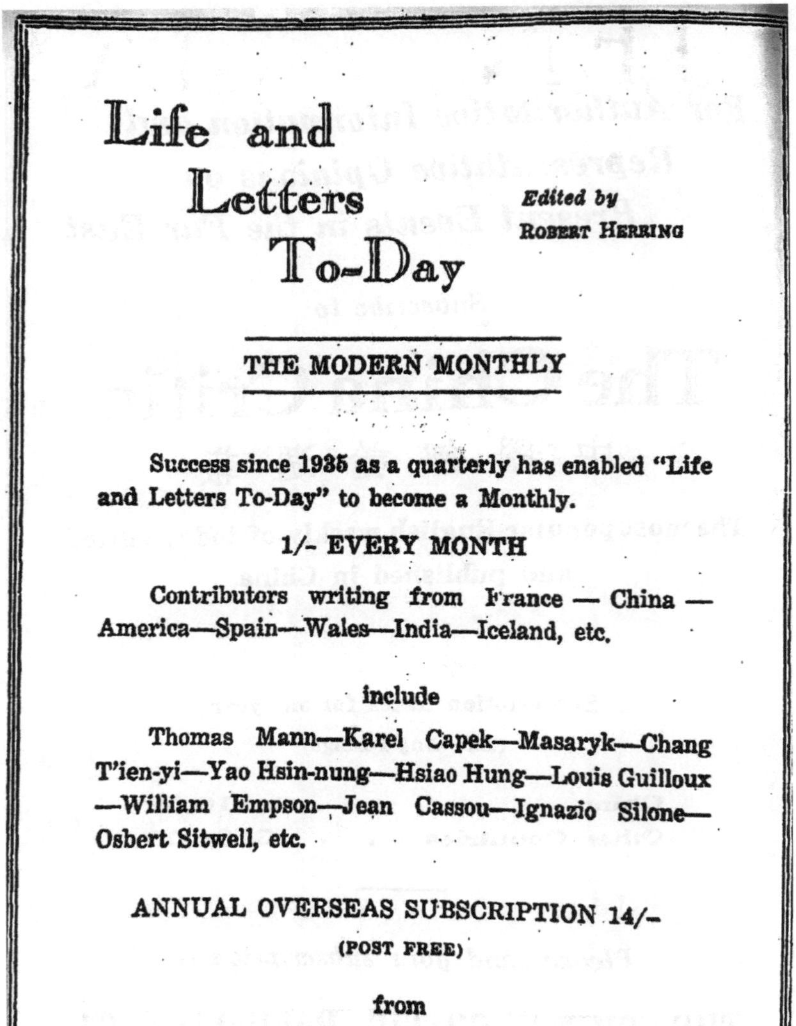

Life and Letters To-Day

Edited by **ROBERT HERRING**

THE MODERN MONTHLY

Success since 1935 as a quarterly has enabled "Life and Letters To-Day" to become a Monthly.

1/- EVERY MONTH

Contributors writing from France — China — America — Spain — Wales — India — Iceland, etc.

include

Thomas Mann — Karel Capek — Masaryk — Chang T'ien-yi — Yao Hsin-nung — Hsiao Hung — Louis Guilloux — William Empson — Jean Cassou — Ignazio Silone — Osbert Sitwell, etc.

ANNUAL OVERSEAS SUBSCRIPTION 14/-
(POST FREE)

from

26, MAIDEN LANE, LONDON, W.C. 2.

图 2-8 《天下月刊》所载 *Life and Letters Today* 广告

Behind the Headlines

Present events in the Orient which are today headlined in the newspapers of the world began many years ago. They will not end tomorrow.

To understand them, thoughtful readers will look back over the events of the past twenty years. To forecast changes to come they will evaluate them in the light of the many less spectacular events which show the East aroused and awakened.

ASIA The Magazine of the Orient

has chronicled and interpreted those important background facts for English-reading people since 1917. It assesses American public opinion toward China and toward Japan and presents the case for conflicting interests through responsible spokesmen.

ASIA has many authoritative contributors throughout the Orient, and advisory editors stationed there.

In each issue of ASIA are a dozen or more feature articles, and many photographs and maps. A one-year subscription costs $4; a two-year subscription costs $6. There is no extra postage charge to any address.

ASIA MAGAZINE　　40 East 49th Street　　New York

图 2-9 《天下月刊》所载《亚洲杂志》广告

的书评，作者为 P. L. F。

上海英文报刊群体的联系，不仅体现在它们之间的相互推广上，也体现在几份同人刊物编辑人员的交叉情况上。

《天下月刊》编辑为：吴经熊、全增嘏、姚莘农、林语堂、叶秋原、温源宁。

《中国评论周报》编辑为：桂中枢、林幽、宋以忠、吴经熊、全增嘏、温源宁、林语堂、钱锺书、张歆海、潘光旦、骆传华、刘大均、邝耀坤、郭斌佳等。

《中国季刊》编辑为：陈光甫、刁敏谦、郭秉文、桂中枢、刘大均、夏晋麟、董显光、邝耀坤、郭斌佳等。

《中国年鉴》（1935—1936）主编为：桂中枢。

根据以上编辑成员的对比列述，《天下月刊》的编委会成员中有四个人参与了《中国评论周报》的编辑工作，林语堂主持名为"小评论"（Little Critic）的栏目，吴经熊、温源宁除了担任编辑外，也发表了不少短文和书评，温源宁在"小评论"发表的人物印象系列短文后来结集为《不够知己》（又名《一知半解》）出版。姚莘农虽然不在编辑之列，但也积极发表文章。桂中枢是美国威斯康星大学新闻学的硕士，与林语堂同时赴美留学，后来关系密切。其他如钱锺书、林幽、郭斌佳、夏晋麟、邝耀坤、宋以忠、骆传华等都是《天下月刊》的撰稿人。在前述周劭关于《天下月刊》的回忆文章中，错把《天下月刊》的主编记作桂中枢，虽是错记，却也说明了上海中办英文报刊之间的密切往来。

从刊物的内容和性质上看，这几个刊物虽然编辑人员、撰稿人多有重叠，但侧重的内容有所区分。《中国评论周报》《中国季刊》倾向于刊载时事与文化评论，《中国年鉴》倾向于利用政府部门权威信息统计、描述国家发展进程，《天下月刊》则关注中西文学或文化事业的思想评论，兼及西学与汉学的传播。从周期上看，几本刊物既有短平快的周刊、月刊，也有注重深度分析、资料统计的季刊、年鉴，几本刊物彼此交织，形成了一个比较立体的、通过英文介绍中国的媒介空间。这些刊物的主持者和编辑大多为归国留学生，在《天下月刊》和《中国评论周报》的"编者按"中，他们都曾经把自己的身份定位为 cosmopolitan，即所谓"世界公民"。需要指出的是，他们的"世界公民"定位，与倡导"以世界取消国家"的"世界主义者"差别很大，恰恰相反，民族国家的立场对他们来说不但存在，而且重要。以"cosmopolitan"作为文化身份的自我定位，其实更来源于他们掌握多门语言、留学多国，可以自由地穿梭于中文世界与英文世界的双语能力和多层次的文化背景。英语凭借势力遍及全球大英帝国的文化影响，而成为当时的世界性语言。这些中国人创办的上海英文刊物，既有对上海原有英文期刊传统的模仿参照，又有民族性的凸显和强调，体现出这些中国人试图凭借其多语言能力构建一种民族性世界文化空间的野心。同时，这些英文刊物之间广告的互相登载与编辑人员的交叉混杂，也构筑了一个以英文报刊为媒介的知识分子共同体。

第三章 《天下月刊》之前中国现代文学在欧美的译介状况

20世纪三四十年代，海外汉学的研究者，更多聚焦于古代中国的历史、文化，而对现代文学和文化缺少兴趣。对于这一点，关心中西文化交流的学者早有注意。赵毅衡曾言，很多西方的"中国文化迷，如庞德和伟利，都表示对现代中国毫无兴趣，甚至拒绝访问中国"①。顾钧在其关于20世纪30年代在北京的美国留学生的著作中，记述了海外汉学重镇哈佛燕京学社当时对现代中国的态度："哈佛燕京学社自建立以来，基本上还是延续欧洲汉学的传统，关注古代中国，重视经典文献。这从当时派遣到北京来的哈佛燕京学社的留学生那里也能看得很清楚……总体来说，由哈佛燕京学社派来的留学生基本以古代中国为研究对象，采用的依然是传统汉学亦即文献考证的方法。他们对于近现代中国只是一般关心，并不纳入自己的研究领域。他们的老师叶理绥甚至非常极端地认为，1793年以后的中国不能构成真正的学术研究的对象，顶多算是新闻学的范畴。"② 20世纪30年代初，斯诺

---

① 赵毅衡：《对岸的诱惑：中西文化交流记》（增编版），上海人民出版社2007年版，第161页。
② 顾钧：《美国第一批留学生在北京》，大象出版社2015年版，第47页。

第三章 《天下月刊》之前中国现代文学在欧美的译介状况

开始着手编选《活的中国》时,强调了中国现代文学译介在英语世界里惊人的缺场:

> 我想了解中国知识分子真正是怎样看待自己,他们用中文写作时是怎样谈和怎样写的。……然后当我去寻找这种文学作品时,使我感到吃惊的是实际上没有这种作品的英译本。重要的现代中国长篇小说一本也没有译过来,短篇小说也只译了几篇,不显眼地登在一些寿命很短的或者读者寥寥无几的宗派刊物上。以上是一九三一年的事。甚至中国小说译成英文的也很少。包括后来赛珍珠以《四海之内皆兄弟也》为题名,十分精彩地翻译过来的史诗:《水浒传》。《红楼梦》刚刚才译出来。此外,赫伯特·贾尔斯把古《聊斋》译成了英文,而布鲁伊特·泰勒所译的《三国》一九二九年就问世了。然而革命时期的白话文学迄今译成英文的只是一鳞半爪。①

王际真在 1941 年翻译鲁迅作品时,也介绍了当时美国人对中国了解的情况:"对大多数美国人来说,他们认识中国主要是通过电影和侦探小说,中国就意味着陈查理(Charlie Chan)和傅满洲(Fu Manchu)以及其他面目模糊却相当熟悉的人物,也意味着中国炒菜和唐人街商店店面上印刷的毫无意义的象形文字。"②

于是,在专业研究者和翻译者缺席的情况下,早期的中国现代文学译者队伍主要由两部分组成,一部分是留学欧美名校,深感让西方了解现代中国的必要,而又外语精熟、具有翻译能力的

---

① [美]埃德加·斯诺:《〈活的中国〉编者序言》,文洁若译,《新文学史料》1978 年第 1 期。
② Chi-Chen Wang, *Ah Q and Others: Selected Stories of Lusin*, New York: Columbia University Press, 1941, p. Ⅶ.

中国留学生；另一部分是在中国生活过、对鲜活的中国感兴趣的外国人士。这一时期的译介以个人译介为主，比较零星而随机，也就难成气候。

20世纪30年代，随着日本走上法西斯道路，远东格局发生了变化，中国逐渐成为美国的盟友。于是，以美国汉学界为代表的西方汉学界开始关注现代中国，逐渐将现代中国社会和现代中国问题纳入研究范围。从第一次世界大战结束到第二次世界大战结束的这段时间内，美国有计划地重视起对中国的研究。"截止第二次世界大战以前，美国研究中国的机构共有90个，其中有39个就是1920—1940年间建立的。"[①] 在国际汉学界、国际政治经济局势的合力下，一批文化界人士和西方记者陆续来到中国。他们成为将现代中国的现状展示给西方的主要窗口。在他们的介绍和研究中，也包括少量、不成系统的中国现代文学译介。这些译作零散地刊发在西方人士所办的综合报刊上，不仅翻译的数量很少，而且翻译对象较为单一，他们的翻译目的并非关注文学作品，而是将"中国文学"作为"中国问题"的一个侧面，强调文学对中国社会的反映以及在中国社会的影响力和代表性，因此具有比较强烈的政治倾向。比如1932年，美国左翼记者哈罗德·伊罗生（Harold R. Isaacs，1910—1986）创办了英文刊物《中国论坛》（*China Forum*）。《中国论坛》刊发了一些中国左翼作家的作品，如1932年第1卷第5期译载了鲁迅的《药》；1932年第1卷第21期译载了丁玲的《某夜》等；1933年第2卷第6期还发表了短文《丁玲被绑架！》，报道了丁玲这一左翼女性作家在国民政府统治区域内的遭遇。

在中国现代文学走向西方的过程中，尤为重要的一支力量是

[①] 马祖毅、任荣珍：《汉籍外译史》，湖北教育出版社2003年版，第17页。

中国的外派留学生群体,其中留法的中国留学生扮演了较为重要的先行者角色。留法学生中,敬隐渔节译了《阿Q正传》,译文经法国大作家罗曼·罗兰介绍,连载于1925年5、6月号《欧罗巴》(Europe)月刊。之后,他又于1929年在巴黎里埃德尔书局出版了《中国当代短篇小说家作品选》(Anthologie des Conteurs Chinoise Moderns),收入鲁迅、茅盾、郁达夫、冰心、落华生、陈炜谟等作家的小说。敬隐渔的留法同学汪德耀、徐仲年也在巴黎相当有影响力的《新法兰西杂志》(La nouvelle revue franaise)、法文《上海日报》(Le Journal de Shanghai)等报刊开辟专栏,译介中国新文学。1933年,译文合成《中国诗文选》出版。戴望舒在法国留学期间,与法国汉学家艾田蒲合作,合作翻译了中国左翼文学家茅盾、丁玲、张天翼的作品,刊于法国的《公社》(Commune)杂志上。

较早的英文翻译作品出现在20世纪20年代。1926年,美籍华人梁社乾(George Kin Leung)所译的英译本《阿Q正传》由上海商务印书馆出版。梁社乾在翻译这一作品的过程中,得到了鲁迅的热情帮助。英国人E.米尔斯将敬隐渔的法文本《中国当代短篇小说家作品选》转译成英文,改名为《阿Q的悲剧及其他当代中国短篇小说》(The Tragedy of Ah Qui & Other Modern Chinese Stories),由伦敦Routledge公司出版,1931年又在美国出版。上海的英文刊物《中国呼声》(The Voice of China)、《大陆报》、《民众论坛》(The People's Tribune),在美国出版的《新群众》(New Masses)、《亚洲杂志》和《今日中国》(China Today)等也刊登了少量由斯诺、伊罗生、王际真等翻译的鲁迅作品译文。

1931年,国内出现了首份向西方介绍中国现代文学的英文周刊——《中国简报》(China in Brief),可惜这份私人刊物只存在了不足两个月即宣告夭折(1931年6月1日创刊,7月29日终刊）。这一刊物属于中西合办，由旅华美国人威廉·阿兰（William Alan）出资，萧乾任编辑。萧乾当时还是辅仁大学的在读学生。在向萧乾了解了关于中国新文学的情况后，威廉·阿兰认为，办这样一本刊物非常有意义，刊物定位为"关于文学、社会、艺术动向的文摘周刊"，宗旨是向关心中国社会与文化的英语世界"介绍现代中国文艺界的情势以及社会大众之趋向与其背景"①。萧乾回忆说：

> 特别值得一提的是同一个美国青年威廉·阿兰的合作。我和他结识也是从教中国话开始的。他是个二十四五岁的美国青年，带着妈妈给他的一笔钱来见识一下世界。他来到中国就迷上了这个古老的国家。我在教课之余，常同他谈中国新文艺运动，把从杨振声老师那里贩来的讲给他听，他越听越兴奋。那时上海有个英文的《密勒氏评论周报》，办得很成功，他决心把袋里的钱，全部投到一份起名《中国简报》（*China in Brief*）的刊物上。我负责其中介绍当代中国文学的部分。②

《中国简报》先后译载了鲁迅《聪明人和傻子和奴才》《野草》，郭沫若《落叶》，茅盾《野蔷薇》《从牯岭到东京》，郁达夫《日记九种》《创作之回顾》，沈从文《阿丽思中国游记》，徐志摩《自剖》《灰色的人生》，闻一多《洗衣歌》，章衣萍《从你走后》。每篇译文前都有简略评介和作者简介。此外还翻译了一些如《二月二龙抬头》之类的民间文艺作品。在第8期中，萧乾

---

① 文洁若：《"萧乾作品选"序言》，《书屋》2002年第5期。
② 萧乾口述，傅光明采访整理：《风雨平生——萧乾口述自传》，北京大学出版社1999年版，第56页。

第三章 《天下月刊》之前中国现代文学在欧美的译介状况

还列了一份出版计划：

（一）、每期介绍二位中国当代作家，"述其身世、性格、作风，选择其代表作（指短篇）"。准备陆续介绍蒋光慈、叶绍钧（圣陶）、张资平、周作人、谢冰心、丁玲、胡适、谢冰莹、苏曼殊、胡也频。

（二）、力求翻译介绍能够代表作者的文艺思想、作风特点、反映作者的生活背景的作品。

（三）、计划出以下专号："文学革命号"、"革命文学号"、"中国新诗坛号"、"南国戏剧运动号"、"北平小剧院运动号"、"国故派与白话文学派之战"、"语丝与新月社、创造社之论战"、"汉译西洋文学书目"。①

萧乾希望"通过以上简略介绍使欧美读者对中国文坛有初步认识后，就开始刊登新文学的短篇作品。因为对象是对东方文坛茫然无知的读者，所以评论不求深刻，透辟。计划虽然大得惊人，但只要文坛同道襄助，我们并不视为畏途"②。从这个计划可以看出，萧乾希望把新文化运动第一个十年间的文学成就介绍到西方，作品翻译与评论并重，计划宏大，眼界也颇为开阔。这个愿望虽然很好，但《中国简报》只是一位美国青年来华后的私人之举，仅靠个人的兴趣与热情来兴办一份刊物，虽然在当时不是罕事，但毕竟难以维持，而且编辑与撰稿都只由萧乾一人负责，更是困难重重，发行范围也很有限。但是，这份短命的英文文艺周刊在当时旅居北京的西方读者中还是产生了一定的影响，斯诺就曾看到这份《中国简报》并因此邀请萧乾参加了《活的中国》

---

① 文洁若：《"萧乾作品选"序言》，《书屋》2002年第5期。
② 文洁若：《"萧乾作品选"序言》，《书屋》2002年第5期。

的编辑工作。

　　前面提到过的伊罗生，编撰了中国现代短篇小说集《草鞋脚》(*Straw Sandals: Chinese Short Stories*, 1918—1933)。《草鞋脚》的题目由鲁迅拟定，编选工作得到了鲁迅、茅盾的大力支持，特别是在选目方面。根据两位新文学大师最初的建议，确定的选目共26篇。可惜的是《草鞋脚》当时未能出版，直到40年后的1974年才由美国麻省理工学院出版社出版。1974年正式出版时，伊罗生删去了鲁迅、茅盾当初选定的篇目中的15篇，而另外增加了14篇。[①]

　　现代戏剧方面的翻译则更少，较有影响的是美国马里兰大学比较文学教授A. E. 苏格尔（A. E. Zucker）在其中国戏剧研究专著《中国戏剧》(*The Chinese Theater*)中，全文收录了胡适《终身大事》的英文剧本。这部著作以研究中国古代戏曲为主，现代部分只收录了这一部剧作，还附上了胡适的半身照和个人简介。苏格尔在书中盛赞胡适是优秀的编辑、诗人和剧作家，并认为胡适为四亿中国人民带来了价值不可估量的民主和自由的信息。显然，苏格尔选择这部剧，一个原因是看重它在中国现代文学史上的开创性地位，作为与古典戏剧的对比和分野；另一个原因则是看重它的社会功用。至于它作为戏剧本身的艺术价值，苏格尔没有太多评论。当然，对于西方读者而言，《终身大事》难免是稚嫩的。

　　除上述少量翻译作品以外，有关中国现代文学的英文评论文

---

　　① 伊罗生选定的篇目为：鲁迅《狂人日记》《药》《孔乙己》《风波》《伤逝》、茅盾《喜剧》《春蚕》《秋收》、郭沫若《卓文君》（节译）、郁达夫《春风沉醉的晚上》、叶圣陶《潘先生在难中》、丁玲《莎菲女士的日记》、蒋光慈《野祭》、楼适夷《盐场》《死》、胡也频《同居》、柔石《为奴隶的母亲》、丁玲《某夜》、应修人《金宝塔银宝塔》、叶圣陶《多收了三五斗》、王统照《五十元》、夏征农《禾场上》、东平《通讯员》、何谷天《雪地》、殷夫《血字》。

第三章 《天下月刊》之前中国现代文学在欧美的译介状况

章也开始出现菲利普·德·瓦尔嘎（Philip De Vagas）撰写了《中国文艺复兴中的几个因素》，刊登在《新中国评论》1922年4月和6月号上；巴特勒特（R. M. Bartlett）撰写了《新中国的思想界领袖鲁迅》，刊登在美国《当代历史》（*Current History*）1927年10月号上；林语堂撰写了《鲁迅》，发表于1929年12月6日《中国评论》；艾格尼丝·史沫特莱（Agnes Smedley）撰写了《穿过中国的黑暗》，发表于《新群众》1931年2月；1933年4月7日，姚莘农在《字林西报》发表了《新文艺运动：倾向与前景》，评述中国现代文学的倾向与前景；1933年7月，胡适在美国芝加哥大学演讲《今日中国文化的趋势》，次年又把讲稿汇集为《中国的文艺复兴》出版；1935年，哈罗德·阿克顿在《天下月刊》发表了《现代中国文学的创作精神》，一年后又在《现代中国诗选》一书的序言中阐述了白话新诗的历程及得失；1936年妮姆·威尔斯（Nym Wales，为斯诺夫人海伦·福斯特·斯诺的笔名）在伦敦的 *Life and Letters Today* 杂志第15卷第5期刊发《现代中国文学运动》，之后收入当年出版的《活的中国》一书。此外，鲁迅还经由史沫特莱的翻译和介绍，在《新群众》《现代中国》《中国呼声》等刊物上发表了《黑暗中国的文艺界的现状》《中国文坛上的鬼魅》《写于深夜里》等英文文章。

  总体而言，截至《天下月刊》出现前的20世纪30年代，中国现代文学在整个西方世界的译介可说是相当微薄，具体到英语世界则更少。而且，少数的译介也只是集中在个别作家身上，鲁迅以外的其他作家翻译得很少。这样的状况，与中国现代文学当时已经取得的成果以及在中国社会的影响力是不相称的。正因为20世纪二三十年代中国现代文学西传一直处在比较薄弱的状态，当1937年英国著名文学刊物 *Life and Letters Today* 刊发了几篇中国现代文学作品时，《天下月刊》立即欣喜地大力推荐，并热情呼

■ 世界视野中的中国叙事

吁西方多关注中国现代文学：

> 最近几期 *Life and Letters Today* 杂志显示出英国对中国当代文化的极大兴趣，刊登了相当一部分相关文章与译文：Nym Wales 的《现代中国文学运动》，斯诺翻译的巴金的《狗》和张天翼的《变化》，还有一组中国现代诗。英文刊物一般刊发中国经济政治方面的内容，文化方面几乎没有。编辑们似乎遗忘了中国当代文化艺术。*Life and Letters Today* 所登的中国文学面的内容，不仅表示英国开始关注中国文化，也为其他欧洲杂志起到一个榜样作用。①

另外，值得关注的是前文所提到的埃德加·斯诺编译的《活的中国》（*Living China—Modern Chinese Short Stories*）一书。比《天下月刊》创刊稍晚，该书于 1936 年 8 月由英国伦敦 George. G. Harrap 公司出版。这本书分为两个部分，第一部分为"鲁迅的小说"，收录了《药》《一件小事》《孔乙己》《祝福》《风筝》《论"他妈的"!》《离婚》7 篇鲁迅作品，并在开头附有《鲁迅生平》。《论"他妈的"!》显然并不是小说，却被作为小说收入。第二部分为"其他中国作家的小说"，包括柔石的《为奴隶的母亲》，茅盾的《自杀》《泥泞》，丁玲的《水》《消息》，巴金的《狗》，沈从文的《柏子》，孙席珍的《阿娥》，田军的《在"大连号"轮船上》《第三枝枪》，林语堂的《狗肉将军》，萧乾的《皈依》，郁达夫的《紫藤与茑萝》，张天翼的《移行》，郭沫若的《十字架》，失名（杨刚）的《一部遗失了的日记片段》，沙汀的《法律外的航线》共 14 位中国作家的 17 篇作品，另外在附录中收录

---

① Wen Yuan-ning, "Editorial Commentary", *T'ien Hsia Monthly*, Vol. 4, No. 5, May 1937, p. 459.

第三章 《天下月刊》之前中国现代文学在欧美的译介状况

了 Nym Wales 的《现代中国文学运动》一文。

《活的中国》的编者斯诺虽然是美国人,但中国作家、学者在编辑中参与颇多。在决定开始编辑这本书之前,斯诺拜访了鲁迅和林语堂;在编撰过程中,鲁迅、茅盾、萧乾、郑振铎、顾颉刚等人都曾提供建议,"协助挑选同时代人有代表性的作品"①。《天下月刊》负责现代文学的编辑姚莘农尤其是斯诺重要的合作者和编译工作的重要参与者。②斯诺在序言中写道:"当时我不怎么懂中文,但我找到了一位能干的合作者姚莘农。他是一位有才能的青年评论家、剧作家和散文家,并且是鲁迅的知友。我们一道先研究了鲁迅的《呐喊》——对现代中国短篇小说的发展来说,它被公认在国内给予了最重要的影响。本集所收的鲁迅作品就是那次合作的结果。"③《活的中国》出版以后,《天下月刊》积极推介,在1936年12月号,即该书出版仅4个月以后,就发表了任玲逊撰写的书评,并在当期的"编者按"中予以推荐。

斯诺的《活的中国》与《天下月刊》以及欧洲、美国的一些左翼刊物对中国现代文学的译介相互补充和配合,使20世纪30年代成为新中国成立之前中国现代文学英译的一个高潮。

---

① [美]埃德加·斯诺:《〈活的中国〉编者序言》,文洁若译,《新文学史料》1978年第1期。
② [美]埃德加·斯诺:《〈活的中国〉编者序言》,文洁若译,《新文学史料》1978年第1期。
③ [美]埃德加·斯诺:《〈活的中国〉编者序言》,文洁若译,《新文学史料》1978年第1期。

第四章 《天下月刊》的现代文学译介情况

如前所述,在译介中国古代文化、文学的同时,始终保持对中国现代文化、文学的关注并有意识、不遗余力地向西方进行推介,是《天下月刊》的重要特点之一。

借助别发洋行的强大发行网络和中山文教馆的稳定支持,《天下月刊》将当时尚属新生的中国现代白话文学有规划、成规模、系统性地译介到了西方。《天下月刊》共译介了数十篇中国现代文学作品,涉及小说、戏剧、诗歌三个重要文体。多元化、"跨界"的译者队伍,以及刊物自身所秉持的摒弃政治、超越党派纷争的态度,使《天下月刊》的现代文学译介具有"多元性"与"民族性"并重的特点。"多元性"表现为,《天下月刊》所选译的现代文学作品,基本上不以政治门阀、艺术流派为限制,而是以与办刊理念的契合程度为判断标准,有侧重但无偏见,避免了成为同人刊物或者党派刊物;在艺术追求上,既关注现代文学的"现代"一面,即语言、表达、思想的西化,也关注白话文学对传统文学和文化源流的继承。而"民族性"表现为,《天下月刊》所刊译的现代文学作品,都具有相当程度的"本土性",他们或者能够呈现中国人民的生存、生活状况;或者是中国本土

第四章 《天下月刊》的现代文学译介情况

的文学流派、文学团体中最具有代表性的作家作品；或者是中国特色与世界文学潮流结合的典范。也正因如此，"京派"成为最受《天下月刊》青睐的作家群体。在1937年抗日战争全面爆发以后，"民族性"升华为强烈的民族情感，在译源选择上明显较之前出现了变化，更加偏重与抗战相关的题材；在"书评"栏目也及时点评中西方人士所撰写的、与中国抗战或世界反法西斯战争相关的书籍。《天下月刊》的中国现代文学译介在这一时期，自觉地成为国内文艺界抗日民族统一战线的有机组成部分，也以文化交流的形式参与了世界性的反法西斯文学浪潮。

第一节 《天下月刊》的文化立场与现代文学译介

一 《天下月刊》的对外文化交流立场

作为一本旨在促进中西方文化交流的思想文化类刊物，《天下月刊》自创刊伊始就有着非常明确的文化立场。《天下月刊》的文化立场，可以分为对内和对外两个方面。

歌德的"世界文学"观念是《天下月刊》对外文化交流的总原则。

在《天下月刊》的创刊号中，温源宁在"编者按"中明确指出"最能定义我们的态度的应该是歌德意义上的'文化'和'文学'"[1]。这里所指的，应该是歌德所提出的"世界文学"的概念。而在同一期，孙科为刊物撰写的发刊词中有"地理上的更加接近和经济上的密切交往没有带来友好，反而带来敌意"；"政治和经济上的真正理解不可能存在，除非建立在文化理解的基础之上，文化是一种精神"；"我们应当通过文化交流建立起一种对国

---

[1] Wen Yuan-ning, "Editorial Commentary", *T'ien Hsia Monthly*, Vol. 1, No. 1, August 1935, p. 6.

际友好的渴望、一种对彼此之间真诚尊重的氛围"[1] 等论述，均与歌德关于世界文学之所能、所为的相关论述一脉相承。[2]

歌德于1827年所提出的"世界文学"（Weltliteratur）一词，事实上指向的是不同文化，或者是不同民族借助文化进行交流时的交流观。在《歌德谈话录》中，他用"商品""市场""贸易"等词语来描述翻译和文化的交流，意在指出世界文学不是全世界文学的总和，而是正在发生的、交换的场景和场所。歌德的世界文学有两个层次的面向。一方面，他认为，"世界文学"不可阻挡，在战争和经济交往中，人们无意识地了解和吸纳其他民族的文化，由此产生精神交流的渴望。他提倡作家、评论家、刊物和机构通过讨论、评论、翻译和交往等形式增进国际交流和学术交流，借文化来提高各国之间的宽容度，减小今后战争的可能性和恶意。与此同时，"德意志"的民族国家立场在歌德的世界文学表述中从未缺席，呈现出与"世界文学"的复杂关系。在他对世界文学这一超民族话题进行表述的时候，德意志民族身份建构的问题始终处于重要位置，如"（在世界文学中）德国可以而且应该大有作为，它将在这伟大的聚会中扮演美好的角色"。类似的表述在他的论著中反复出现，如其所言，"广袤的世界，尽管其广袤，也是祖国的延伸"[3]，也就是说，歌德的世界文学观念，始终建立在清晰明确的民族意识之上。

《天下月刊》同人对歌德这一观念的认可，与相似的历史语境有关。歌德所发言的19世纪，法、英等国较早实现了统一并走

---

[1] Sun Fo, "Forward", *T'ien Hsia Monthly*, Vol. 1, No. 1, August 1935, pp. 1 – 5.
[2] 参见 Schluz, Hanz-Joachim and Philip H. Rhein, eds., *Comparative Literature: The Early Years*, Baltimore: The University of North Carolina Express, 1973, pp. 3 – 11。原文为英文，此处为笔者自译。
[3] 参见 Schluz, Hanz-Joachim and Philip H. Rhein, eds., *Comparative Literature: The Early Years*, Baltimore: The University of North Carolina Express, 1973, pp. 3 – 11。原文为英文，此处为笔者自译。

向强盛，而德国仍然维持在松散的联盟状态。因此，歌德提出的"世界文学"，实际上是从德意志民族文化的建构出发，希望处于边缘位置的德国文化汲取他国营养，丰富发展自己的民族文化，而后与强大的邻国实现平等交流，最终被邻国认可。而在《天下月刊》所处的20世纪30年代，中国在世界当中处在更为落后的位置，更期待能与西方国家实现平等的文化交流和对话，既在交流中向西方学习，也在交流中使西方了解自己，从而摆脱愚昧守旧的固有形象，让西方认可灿烂的古代中国文化和方兴未艾的现代中国文化。因此，建立在强烈的民族意识基础上的世界主义，最能契合《天下月刊》同人的文化诉求。在1937年1月的刊物中，《天下月刊》刊登了刊物的"目标"（Aim）和"特点"（Special Features）。特点共有四点：（1）对中国文化和生活的多种观点；（2）中国知识阶层可能感兴趣的外国生活和文学；（3）中国现代、古代文学的英文翻译，包括诗歌、短文、故事、速写等；（4）关于中外新书的评论。[①]从此处不难看出，《天下月刊》一方面强调"促进中西方文化间更好的理解"[②]的办刊目标，另一方面则始终以中国为本位，抱有强烈的本土意识和民族意识。吴经熊在《天下月刊》连载的《唐诗四季》，旨在通过介绍中国诗歌的辉煌时期，表达对国家复兴、文化复兴的信心。他写道："唐朝衰亡后，千年以来中国在啜泣下生存着，直到现在她方才觉得灵魂深处的鼓舞，好像新春的蓬勃！严冬延搁已久，'春天还会远吗？'""倘是祖国的将来还有一个黄金时代的话（我深信不疑），愿它的光比唐朝更灿烂、更辉煌！"[③]吴经熊从文化复兴与民族复兴的角度来解读中国古典诗歌，并将之译介至西方，体

[①] *T'ien Hsia Monthly*, January 1937, Vol. 4, No. 1, p. 2.
[②] *T'ien Hsia Monthly*, January 1937, Vol. 4, No. 1, p. 2.
[③] 本书所引用的中文译文为辽宁教育出版社1997年版徐诚斌译本。吴经熊：《唐诗四季》，徐诚斌译，辽宁教育出版社1997年版，第8页。

现出中西文化交流过程中，文化输出主体高度的自觉性与所受的历史文化语境影响。正如一封读者来信所指出的吴经熊译诗的意义："世界的联系正越来越紧密，人们应该致力于让世界各国相互了解。既然西方为人类在科学、文学与艺术发展上做出了贡献，中国也应该为世界做出自己的贡献。而汉诗英译正是我们与世界分享祖先所留下的珍贵遗产的一种方式。中国现正在抵抗侵略，但我们仍能自豪地说，中国的精神与文化建设并未受到影响，仍在蓬勃发展中。中国回报世界各国所给予的同情与祝愿的最好方式就是展示我们所取得的成就。"①

在抗战爆发、面临民族存亡的时候，这种民族意识更被激发为强烈的民族责任感——1937年抗日战争全面爆发后，《天下月刊》在仍然强调以思想和文化为主要内容的基础上②，明显地向与抗战有关的内容倾斜，更多地宣扬中国人民的反抗精神、介绍中国文艺界的抗战活动、译介抗战文学作品，借此唤起他国对中国的同情和帮助，同时也通过"书评"等栏目，介绍其他国家的反法西斯作品。

不过，《天下月刊》的文化立场在歌德基础上又有自己的发展，这或许与编辑诸人丰富而含混的文化身份相关。《天下月刊》同人以欧美名校归来的留学生为主，他们早年接受的是传统的中国儒家教育，以儒家思想为代表的中国文化构成他们的精神底蕴；成年后他们多远赴西方留学，对西方文化有着高度的了解和认同，以英语文化为代表的西方文化成为他们知识结构和文化身份的重要组成部分。多重的文化认同使他们往往以"cosmopoli-

---

① Ling-kai, "To the Editor-in-Chief of T'ien Hsia", *T'ien Hsia Monthly*, Vol. 8, No. 3, March 1939, p. 272.
② 在1937年9月的"编者按"中，温源宁写道："我们生活在一个不平凡的时代，尽管《天下月刊》在枪炮声中编辑，但我们仍然希望天下保持它创刊的初衷。它过去是，将来也将仍然是，一本书化杂志，关注点只在于思想。"

tan"（世界公民）自居，从语言、穿着等日常行为可以侧面见出他们复杂的文化身份。主编吴经熊信奉基督教，游历美、德、法诸国，"用英文思想，却用中文感觉……有时我也用法文唱歌，用德语开玩笑"①。尽管如此，他却"不肯穿西装，讲英语故意带点宁波口音"②。编辑林语堂的女儿回忆父亲"刚从外国回来时，穿的是西装，后来改穿长袍，但仍旧穿皮鞋，后来他又认为中国旧式的小帽子比洋帽较为舒服"③。与此同时，他们在国外亲身感受欧美的发达与先进，回国之后，直面的却是国家落后、民族危急的现实。在这一经历上，《天下月刊》同人大约与同是欧美留学归来的"学衡"诸君心有戚戚。赵稀方曾在其著作《翻译与现代中国》中这样评价"学衡"诸君与《新青年》诸君的不同之处："陈独秀在《新青年》上言之凿凿称赞西洋是'自主的''进步的''进取的''科学的'，贬斥中国是'奴隶的''保守的''退隐的''锁国的''虚伪的'，并将这种中西差距放置于历史进化论的不同阶段上。那个时候他本人并没有去过'西洋'。鲁迅早年盛赞西方摩罗诗人，'五四'时期断言不要读中国书的时候，他也没有去过西方。陈独秀、鲁迅只有过日本经历，他们对于西方的论述只是凭借着自己的阅读和想象，因此很容易将西方化约为一种理想。换句话说，他们只是将自己对于中国文化的批判，寄寓在对于西方他者一厢情愿的想象之上。真正到了西方国家，切身感受到当地文化之后，这种一厢情愿往往会难以维持。"④ 对于《天下月刊》同人而言，见识过西方、到过西方的他们，对西方的态度是复杂的。"西方"尽管意味着"现代"，但因为受到"忠""义""家国"等中国传统思想的影响，他们仍然

---

① 吴经熊：《超越东西方》，周伟驰译，社会科学文献出版社2002年版，第158页。
② 王璞：《项美丽在上海》，人民文学出版社2005年版，第137页。
③ 林太乙：《林语堂传》，中国戏剧出版社1994年版，第124页。
④ 赵稀方：《翻译与现代中国》，复旦大学出版社2018年版，第155页。

热爱处在危难当中的祖国与人民并自觉对他们负有责任。另外，"与中国留美学生在异国的境遇以至种族刺激有关，这从反面激起了他们对于中国文化的热爱"①。

由此出发，《天下月刊》同人始终坚持对现代中国的介绍。这是他们处理民族性与现代性的内在紧张关系的方式，也是他们对中国文化现代化的路径的想象与设计。《天下月刊》介绍中国古代文化的比重不小，古代哲学、古代文学、古代艺术都被他们当作中国文化的宝贵资源。他们始终坚持并强调对中国现代文化的译介，希望将现代中国的文学、文化介绍出去，借此打破西方认为中国是陈旧的、"前现代"的固有认知。因此，现代文化始终在他们的视域之内，他们既批评中国现代文化只重模仿、不重创造②，但也为中国现代文化的价值辩护，而一旦有优秀的作品、作者，他们更如获至宝，不遗余力地介绍和推荐。

因此，《天下月刊》在译介中国现代文学作品时，非常注重"现代性""民族特色"与"世界视野"的结合。一个重要的例证是，尽管《天下月刊》的编辑部在上海，而且编辑部成员与刘呐鸥、穆时英、施蛰存等人颇有往来③，20世纪二三十年代风头正健的上海现代派小说却在《天下月刊》中"意外缺席"，反而是"京派"小说成为《天下月刊》所译介的现代小说中最为重要的组成部分。《天下月刊》先后译介了沈从文的《边城》《萧萧》

---

① 赵稀方：《翻译与现代中国》，复旦大学出版社2018年版，第156页。
② 如在1938年1月对于"中国国家美术展"的评论中，温源宁写道："我们的现代艺术完全没有跟上我们古代艺术的成就。……现代中国美术似乎只有'借来的'生命：缺乏现实性并且似乎害怕创造。从头到尾都在模仿西方的短暂时尚，非常令人失望。"Wen Yuan-ning, "Editorial Commentary", *T'ien Hsia Monthly*, Vol. 6, No. 1, January 1938, p. 5.
③ 据费冬梅考证，《天下月刊》编委中的温源宁、吴经熊、全增嘏、叶秋原、林语堂等人，与刘呐鸥、穆时英等上海现代派作家都是邵洵美的沙龙成员。参见费冬梅《沙龙——一种新都市文化与文学生产（1917—1937）》，北京大学出版社2016年版，第132—136页。

《乡城》、凌叔华的《无聊》《信》《疯了的诗人》、杨振声的《报复》等作品。究其原因，《天下月刊》一贯对拘泥于模仿西方、缺少中国特色的文学和艺术持批评的态度，而上海现代派操练的正是西方现代派或者日本新感觉派等"舶来"技法的功夫，相对来讲不够"中国"，因此并不为《天下月刊》所看重。而"京派"将对西方的学习，融入个性化、中国化的创作中去，正如杨义所说："京派作为流派的特点，并非把西方哪个特定的文学流派原封不动地批发到中国，而是在北京高等学府云集的学院派风气中，按照每个作家的人生阅历、知识结构和个性思慕，从从容容地浏览外国书，取其能够触动自己的生活体验和精神渴求，触动自己的回忆和想象的若干要素，从而进行富有个性的知识整合和创造性思维。"[①] 因此，既具有世界格局，又不失民族特色的"京派"作品，也就更符合《天下月刊》的理念，因此为《天下月刊》所推崇。

吴经熊的这句话或许可以视作《天下月刊》同人的一个宣言："作为一名中国人，我有一个祖国要拯救，我有一群人民要启蒙，我有一个种族要高举，我有一个文明要现代化。"[②]

二 《天下月刊》的对内原则

如前所述，尽管《天下月刊》受到国民党的半官方机构中山文教馆的资助，但是，中山文教馆只为刊物提供资金支持，并不参与、影响刊物的具体运作。因此，《天下月刊》能够做到坚持公平、独立的原则，尽可能地摈除政治的影响。

《天下月刊》主编温源宁在创刊号"编者按"栏目中，详细

[①] 杨义：《作为文化现象的京派与海派》，《海南师范学院学报》（人文社会科学版）2001年第2期。

[②] 吴经熊：《超越东西方》，周伟驰译，社会科学文献出版社2002年版，第96页。

界定了《天下月刊》拟刊登稿件的范围和刊物的选稿标准。其中最重要的一点是，要求确保所刊载的稿件在思想层面上具有普遍性：

> 我们只对思想有兴趣。刊物的内容既宽泛又有限（limited）：宽泛是因为它囊括了世上的一切。有限是因为它只从思想的视角来衡量一切。比如写政治文章，那就只关注政治思想，而不是去写政党政策的变化。经济文章也在本刊的范围里，但须得是经济理论的文章，而不是关于目前劳资方的纠纷等偶然性事件。文学、艺术、哲学关乎思想，最符合刊物的要求。但我们的关注点并不仅仅是文学的、哲学的和美学的。我们真正的关注点在"普遍性"上。所以我们关注的是一切关乎人类的东西。用孙科博士的话来说，就是谢绝任何争论当前政治的稿件。个人经历的稿件也一并谢绝。①

由此可见，《天下月刊》被比较严格地界定为一份独立的思想文化类刊物，以"思想性"和"普遍性"为最高标准，从而"谢绝任何争论当前政治的稿件。个人经历的稿件也一并谢绝"。作为一份旨在交流中西文化的刊物，《天下月刊》从刊物性质与用稿标准两方面保证了刊物的"公正性"与"国际性"，也与当时所流行的国际主义相呼应。孙科另外指出，刊名"天下"取自孙中山的"天下为公"，这也是对其公平性原则的又一次强调。从刊物实际刊发稿件的情况来看，这一原则得到了比较忠实的实践。在第一卷编辑完成之时，温源宁进行了一个阶段性的总结：

> 12月号的出版意味着我们已完成了第一卷的出版任务。

---

① Wen Yuan-ning, "Editorial Commentary", *T'ien Hsia Monthly*, Vol. 1, No. 1, August 1935, p. 6.

第四章 《天下月刊》的现代文学译介情况

> 从我们已收到的令人鼓舞的反应来看,《天下月刊》满足了这些人的需要:他们认为必须有一份刊物,让所有对中西思想文化交流感兴趣的人,不论国籍,无论是艺术、历史、文学、哲学、经济或政治,均可以投稿。……我们要营造的是一种理性公正的气氛,所有的问题都能被友好地讨论。我们的目的就是要通过文字最大限度地传播中西思想之精华。我们尤其强调,《天下月刊》不是一份宣传刊物。立法院院长、中山文化教育馆(即本刊的出版资助机构)委员长孙科博士特别坚持:《天下月刊》不是要美化中国或某个政党,也不是要丑化任何其他国家或政党。孙博士还坚决反对将任何个人因素带进《天下月刊》。我们在这方面做得成功与否,都交由读者来评定。
>
> 《天下月刊》的价值就在于其精神上的公平性和范围上的国际性。当偏离这一点,沦为中国、政党或政治集团的宣传册之日,也就是刊物寿终正寝之时。①

从以上文字可以看出,温源宁对于《天下月刊》在保证公平性上的成绩,是非常自信的。正是由于刊物在中西文化交流中非常追求并严格履行了超越意识形态的公平性与独立性,所以《天下月刊》在20世纪30年代中期至40年代初复杂的文化与严苛的社会环境中,借助英语的掩护,在国际交流的旗帜下,形成了一个小小的"乌托邦",不仅能够发文或者在行文中抨击国民政府的文化审查制对中国文化事业的摧残,还非常关注国际记者团访问中共控制地区的行动及著作,使《天下月刊》在其存续期间,成为西方人士了解中国共产党的一个窗口。在国民党政府的高压

---

① Wen Yuan-ning, "Editorial Commentary", *T'ien Hsia Monthly*, Vol. 1, No. 5, December 1935, pp. 491–492.

政策下,《天下月刊》不仅刊发了鲁迅这位左翼旗手的三篇作品,还刊发了姚莘农悼念鲁迅的长文《鲁迅:他的生平和他的作品》。此外,《天下月刊》还译介了田涛、姚雪垠等左翼作家的作品;在邵洵美撰写的1937年的《诗歌年记》中,用比较大的篇幅,对艾青、臧克家等左翼诗人给出了较高的评价,认为他们的叙事诗是"'情的'诗人最好的演绎"①;由陈大仁撰写的1938年的《文学年记》,更是对红军长征和延安文学的大力宣传。

第二节 《天下月刊》译介中国现代文学作品概况

1935—1941年,《天下月刊》有计划地从文学、艺术、思想、经济、政治等方面向西方世界介绍中国文化。如他们在刊物的"目标"(Aim)中所提到的那样,在文学领域,"将重要的中国文学作品,无论古今与体裁,包括诗歌、散文、小说、短文,翻译成英文"②。《天下月刊》发表了不少古代中国文学的译作,产生了不小的影响。与此同时,鉴于前述零星微薄的中国现代文学译介情状,《天下月刊》通过论文(Article)、翻译、年记(Chronicle)等形式,成规模、有计划地译介中国现代文学作品。在向西方介绍中国现代文学的过程中,三种形式各有侧重,有"译"、有"介"、有"论",使西方读者既能读到较新、较重要的中国现代文学作品,又能及时了解中国文坛发展的最新状况,从多个方面推动了中国现代文学西传的步伐。在三种形式当中,论文既有关于中国现代文学创作的综合性评论,也有现代作家专论;文学"年记"类似于简要版的"年鉴",以文体为划分,综述一年里某

---

① Zau Sinmay, "Poetry Chronicle", T'ien Hsia Monthly, Vol. 5, No. 4, November 1937, p. 400.

② "Aim", T'ien Hsia Monthly, Vol. 4, January 1937, p. 2.

第四章 《天下月刊》的现代文学译介情况

类文学体裁的发展与成就。6 年多的时间里，《天下月刊》共翻译现代小说 23 篇、现代戏剧 2 部、现代诗歌 13 首、现代文学相关年记 13 篇（戏剧 5 篇、诗歌 4 篇、电影 3 篇、文学 1 篇），发表现代文学相关论文 2 篇。具体篇目及作者、译者情况如表 4－1、表 4－2、表 4－3、表 4－4、表 4－5 所示。

表 4－1　《天下月刊》所译中国现代小说作品（以译文发表时间为序）

作者	篇名	译名	原作发表时间	《天下月刊》译载卷期	译者
沈从文	《边城》	Green Jade and Green Jade	1934 年《国闻周报》	1936 年 1—4 月第 2 卷第 1—4 期	项美丽、邵洵美
凌叔华	《无聊》	What's the Point of It?	1934 年《大公报·文艺副刊》	1936 年 8 月第 3 卷第 1 期	凌叔华、朱利安·贝尔
俞平伯	《花匠》	The Florist	1919 年《新潮》	1936 年 8 月第 3 卷第 1 期	伍铭泰
谢文炳	《匹夫》	The Patriot	1936 年《东方杂志》	1936 年 9 月第 3 卷第 2 期	任玲逊
冰心	《第一次宴会》	The First Home Party	1929 年《新月》	1937 年 3 月第 4 卷第 3 期	任玲逊
凌叔华	《疯了的诗人》	A Poet Goes Mad	1928 年《新月》	1937 年 4 月第 4 卷第 4 期	凌叔华、朱利安·贝尔
萧红	《手》	Hands	1936 年《作家》	1937 年 5 月第 4 卷第 5 期	任玲逊
巴金	《星》	Star	1936 年	1937 年 8—11 月第 5 卷第 1—4 期	任玲逊
凌叔华	《写信》	Writing A Letter	1931 年《大公报》	1937 年 12 月第 5 卷第 5 期	凌叔华
鲁迅	《怀旧》	Looking Back to the Past	1911 年《小说月报》	1938 年 2 月第 6 卷第 2 期	冯余声
叶圣陶	《遗腹子》	A Man Must Have a Son	1926 年《一般》	1938 年 4 月第 6 卷第 4 期	任玲逊

· 91 ·

续表

作者	篇名	译名	原作发表时间	《天下月刊》译载卷期	译者
杨振声	《报复》	Revenge	1934 年《大公报·文艺副刊》	1938 年 5 月第 6 卷第 5 期	马彬和、项美丽
沈从文	《萧萧》	Hsiao-Hsiao	1930 年《小说月报》	1938 年 10 月第 7 卷第 3 期	李宜燮
老舍	《人同此心》	They Gather Heart Again	1938 年《抗战文艺》	1938 年 11 月第 7 卷第 4 期	任玲逊
姚雪垠	《差半车麦秸》	Cha-bancheh Makai	1938 年《文艺阵地》	1938 年 12 月第 7 卷第 5 期	马耳、陈依范
吴岩	《离去》	Departure	1938 年《文艺阵地》	1939 年 3 月第 8 卷第 3 期	马耳
鲁彦	《好铁不打钉》	Good Iron is not for Nails	不详	1940 年 2 月第 10 卷第 2 期	任玲逊
王思玷	《偏枯》	Lieu Shih	1922 年《小说月报》	1940 年 3 月第 10 卷第 3 期	毛如升
鲁迅	《孤独者》	A Hermit at Large	1926 年收于《彷徨》	1940 年 5 月第 10 卷第 5 期	王际真
鲁迅	《伤逝》	Remorse	1926 年收于《彷徨》	1940 年 8—9 月第 11 卷第 1 期	王际真
田涛	《山窝里》	Hou Fuma-kou	1938 年《战地剪集》	1940 年 12 月至 1941 年 1 月第 11 卷第 3 期	毛如升
沈从文	《乡城》	Old Mrs. Wang's Chicken	1940 年《大公报·文艺副刊》	1940 年 12 月至 1941 年 1 月第 11 卷第 3 期	杨刚
老舍	《且说屋里》	Portrait of A Traitor	1936 年收于《蛤藻集》	1941 年 8—9 月第 12 卷第 1 期	叶公超

第四章 《天下月刊》的现代文学译介情况

表4-2　　　　　　　《天下月刊》所译现代戏剧

剧本名	剧作者	译名	《天下月刊》译载卷期	译者
《雷雨》	曹禺	Thunder and Rain	1936年10月至1937年2月第3卷第3期至第4卷第2期	姚莘农
《出发之前》	姚莘农	When the Girl Comes Back	1938年8月第7卷第1期	姚莘农

表4-3　　《天下月刊》所刊白话新诗（以译载时间为序）

作者	篇名	译名	译者	《天下月刊》译载卷期
邵洵美	《蛇》	Serpent	Harold Acton、陈世骧	1935年8月第1卷第1期
闻一多	《死水》	The Dead Water	Harold Acton、陈世骧	1935年8月第1卷第1期
卞之琳	《还乡》	The Return of the Native	Harold Acton、陈世骧	1935年9月第1卷第2期
戴望舒	《我的回忆》	My Memory	Harold Acton、陈世骧	1935年10月第1卷第3期
戴望舒	《秋蝇》	Fly in Autumn	Harold Acton、陈世骧	1935年10月第1卷第3期
李广田	《旅途》	A Journey	Harold Acton、陈世骧	1935年11月第1卷第4期
李广田	《流星》	The Shooting Star	Harold Acton、陈世骧	1935年11月第1卷第4期
梁宗岱	《途遇》	Souvenir	梁宗岱	1936年1月第2卷第1期
梁宗岱	《晚祷》	Vespers	梁宗岱	1936年1月第2卷第1期
邵洵美	《声音》	Voice	邵洵美、Harold Acton	1937年8月第5卷第1期
徐志摩	《偶然》	Chance Encounter	Arno. L. Bader、毛如升	1940年2月第10卷第2期
邵洵美	《昨天的日子》	The Garden of Yesterday	Arno. L. Bader、毛如升	1940年2月第10卷第2期
卞之琳	《一个和尚》	The Monk	Arno. L. Bader、毛如升	1940年2月第10卷第2期

表 4-4　《天下月刊》所发表的现代文学相关年记

戏剧年记	1936 年 8 月 姚莘农	1937 年 8 月 姚莘农	1938 年 5 月 Frank B. Wells	1939 年 2 月 梁琰	1940 年 3 月 凌皑梅
诗歌年记	1936 年 10 月 邵洵美	1937 年 11 月 邵洵美	1938 年 12 月 凌岱	1939 年 12 月 凌岱	
电影年记	1937 年 4 月 姚莘农	1938 年 10 月 杜恒	1939 年 10 月 杜恒		
文学年记	1938 年 3 月 陈大仁				

表 4-5　《天下月刊》所发现代文学相关论文

作者	篇名	《天下月刊》译载卷期
姚莘农	Lu Hsun: His Life and Works	1936 年 11 月第 3 卷第 4 期
哈罗德·阿克顿	The Creative Spirit in Modern Chinese Literature	1935 年 11 月第 1 卷第 4 期

另外，《天下月刊》还在1939年5月发表了一篇纪实文学作品《我的第一次空战》（"My First Air Battle"），作者是第一位向日本侵略军投下炸弹的中国飞行员Tze Hsiao，译者为Li Hsiu-shih。

通过以上列表可以看出，《天下月刊》在译介不同文体的作品时，选择的形式各有侧重。在翻译作品方面，小说译作最多、比重最大，翻译诗歌与戏剧的数量则比较少。而年记的比重正好相反，《戏剧年记》和《诗歌年记》分别有5篇和4篇，但在整个刊物存续期间一篇《小说年记》也没有。文学作品的翻译是两种文学交流和交往的前提，白话新文学中成就极高的小说，自然而然成为《天下月刊》的翻译重点，而小说也是在欧美国家最受欢迎的文学样式，最容易被读者亲近和阅读，因此，《天下月刊》下大力气翻译现代小说，意在直观地向西方展示中国现代文学的成就。而《天下月刊》对戏剧和诗歌的译介，除《雷雨》这样极富代表性的作品以外，并不以单篇、单部作品的展示为主，而是着重于整体性地展现一种发展趋势和整体面貌。并且，通过戏剧年记和诗歌年记的发表日期可以发现，二者都是始自抗日战争形势日紧的1936年，主要的发表年份正是抗日战争如火如荼之时。戏剧和诗歌都是非常具有即时性和宣传动员效果的文学样式，与战争的关系非常紧密，因此，《天下月刊》所发表的戏剧和诗歌年记重点也在于此，在介绍诗歌、戏剧发展状况的同时，注重强调它们在战争中动员群众、鼓舞士气的功用。这种做法实际上也是通过文学的形式为中国的抗日战争争取国际同情的一种方式。

从作品的发表时间来看，《天下月刊》所翻译的现代小说在时间跨度上，兼及新文学两个十年间的成果，显示了译源选择上对"代表性"的考虑；而在两个十年之中，相对侧重20世纪30年代，体现的则是"即时性"与"时代性"的选译标准。

从流派来看，在坚持自身原则的前提下，大体上体现了《天下月刊》在中西文学交流中的"公平性"立场。在涉及的16位作家里，语丝派作家、京派作家、左翼作家都有出现，而上海现代派文学集体缺席，个中原因，笔者认为与《天下月刊》的文化立场相关，在前文相关章节中已有论述。当然，在1939年刘呐鸥、穆时英相继附逆之后，持有明确抗日立场的《天下月刊》就更与他们划清了界限。

总体而言，《天下月刊》的译介活动在坚持自己立场的前提下，兼顾了现代文学各类流派的作品。虽然，其中不可避免地有编辑个人交往的因素（比如凌叔华一人译介了三篇，与鲁迅、沈从文并列，就值得商榷）。这些不同时期与流派的作品，既能在纵向的时间维度上，反映出新文化运动以来中国白话新文学的发展历程，也能较有代表性地横向展示出中国新文学在各个阶段所取得的成就。

■ 世界视野中的中国叙事

　　1937年抗战全面爆发后，救亡图存成为中国社会的主要矛盾。1938年3月，中华全国文艺界抗敌协会成立（以下简称"文协"），文艺界人士纷纷投身于保国御侮的战线。作为最具有时效性和动员性的文学形态，戏剧义不容辞地承担起鼓舞民众、激发抗日热情的责任。与此同时，国内文艺界迫切希望与全世界反法西斯文艺家携手共进，维护世界和平。"文协"在宣言中，即提出"在增多激励与广为宣传的标准下"，"把国外的介绍进来或把国内的翻译出去"[①] 的目标。"文协"还设立了国际宣传委员会，将中国的抗战文艺活动及其作品系统地介绍到国外，并发起了中国抗战文学的"出国"运动。"文协"的重要刊物《抗战文艺》刊登了一批强调抗战文学联通世界的重要性的文章，如《翻译抗战文学到外国去》等。中国文艺界的反法西斯活动，也受到了世界各国反法西斯人士的关注，众多外国作家、文人来到中国实地考察，比较有名的如英国诗人奥登1938年在中国的访问。原本即以沟通中西方为使命的《天下月刊》，在这一时期自觉地将中国文学界的抗战情况介绍到国外，力图将中国的文艺抗战融入世界反法西斯浪潮中，并争取西方国家对中国抗战的同情和支持。1937年8月至终刊，《天下月刊》翻译的现代文学作品共14部，其中7部以抗战为直接主题，如田涛《山窝里》、姚雪垠《差半车麦秸》、老舍《人同此心》、沈从文《乡城》、鲁彦《好铁不打钉》等均从各个方面反映了抗日战争。这一时期的书评栏目也大力推荐抗战题材的作品，如奥登的《战地行》（1939年12月）、约翰·古纳·安德森（Johann Gunnar Anderson）的《中国为世界而战》（1940年2月）、骆传华的《日本在中国的经济掠夺》（1940年3月）等。

　　[①] 《中华全国文艺界抗敌协会宣言》，《文艺月刊》1938年第9期。

谢天振、查明建主编的《中国现代翻译文学史（1898—1949）》中写道："20世纪30年代，世界性的左翼文艺运动和民族危亡的时代意识进一步加强了现实主义文学的价值取向，并影响了以后的文学翻译择取，从而决定了中国现代翻译文学的基本走向和特征。文学翻译的选择与时代的主题紧密地联系在一起。"① 虽然这里指的是第二次世界大战前中国翻译外国文学的特点，但在特殊时期，文学输出与文学输入的指向出现重叠——虽然译介方向相反，但外国文学中译与中国文学西译，均受到时代大背景的限制，在同一时代就完全可能呈现出翻译选择标准的一致。

---

① 谢天振、查明建主编：《中国现代翻译文学史（1898—1949）》，上海外语教育出版社2004年版，第8页。

第五章 《天下月刊》所刊现代文学相关年记和论文

"年记"（Chronicle）是《天下月刊》的一个常设栏目，自1936年8月起，基本保持每期1篇（1937年12月无）。这一栏目意在鸟瞰式地介绍某一文化、艺术门类在一段时期内（一般为一到两年）的发展情况，如戏剧年记、建筑年记、美术年记、出版年记等，非常能够体现《天下月刊》希望西方了解进行时的中国、了解现代中国文化所做出的努力。实际上，"年记"类似于某一学科门类的"年鉴"，在历时的层面上，梳理该艺术门类的发展状况，在共时的层面上，展示重要的艺术家和作品。当然，文学、艺术的发展从来不是独立的，在其背后，是中国文化逐渐走向现代化的过程，也是中国思想界乃至整个中国社会的现代化之路。因此，这一栏目其实是对中国文化的现代性塑造历程的长期跟踪。对于西方读者而言，相比于其他栏目，这一栏目最大的特点是动态性，通过这一栏目，不仅可以认识中国现代艺术、文化的大致轮廓，更可以了解现代中国文化思想的演进过程，是打破他们对于中国停滞、古老的刻板印象的生动窗口。

第五章 《天下月刊》所刊现代文学相关年记和论文

第一节 反映战争对文学影响的文学年记

《天下月刊》唯一的一篇整体性的"文学年记"发表于1938年3月，作者陈大仁身份不详。除这篇文学年记外，他还在《天下月刊》发表过一篇为James Bertram所写的《华北前线》的书评。在《天下月刊》中，这篇年记显得比较突兀，因为同年度还有"诗歌年记"和"戏剧年记"发表，似乎有冲突之嫌。在此前和此后，都再没有出现这个类别。陈大仁这篇发表于抗日战争爆发不久以后的《文学年记》，着重反映了战争对中国文学总体发展的影响。

抗战爆发后，战争给作家的生活与创作带来了重大影响，罗荪在《抗战文艺运动鸟瞰》中揭示了这一趋向："抗战的烽火，迫使着作家在这一新的形势底下，接近了现实；突进了崭新的战斗生活，望见了比过去一切更为广阔的，真切的远景。作家不再拘束于自己的狭小的天地里，不再从窗子里窥望蓝天和白云，而是从他们的书房，亭子间，沙龙，咖啡店中解放出来，走向了战斗的原野，定向了人们所在的场所；而是从他们生活习惯的都市，走向了农村城镇；而是从租界，走向了内地……这是一个不小的改变，也是一个不小的开拓，使文学活动真正的放到了战斗的生活原野里去。"[①]

陈大仁的这篇《文学年记》从宏观上揭示了战争对中国作家生活及创作的影响："如果说中国文坛显得颇为沉寂的话，那这错误显然不在于中国作家自身，而是在于竭尽全力在全中国制造麻烦的日本军队。由于动荡的环境，许多战前创作十分丰富的中

---

① 罗荪：《抗战文艺运动鸟瞰》，载苏光文编选《文学理论史料选》，四川教育出版社1988年版，第48页。

国作家，现在几乎都停止了创作。还有一些作家忙于其他事务，而没有时间写作。或许文字比刀剑更有力量，但事实上许多作家都投笔从戎了。因为他们深知，在民族危机时刻，应该尽其所能地抗击日本侵略者。"① 文章以作家的现实生活来进一步说明他们的生活及创作的变化，提到了郭沫若从日本回国后在军中任职、丁玲到达陕西开始新的生活、谢冰莹在上海与湖南女学生一起参加红十字救护工作等例子。

对于文学创作中的变化，陈大仁认为，戏剧、报告文学及传记文学、小说都有了新的发展。以反映战争为主题的戏剧创作十分活跃，许多剧作都得以公演，发挥出巨大的宣传作用。报告文学迅速兴起，范长江的《西线风云》描述了浙江、江苏两省的抗战情形，即将出版的《西行漫记》也将引发世界对红军长征进程的关注。这一时期，之前在中国并不流行的文学样式——传记文学也开始兴起。尤其是在冯玉祥创作自传的影响下，更多人加入写自传的潮流中。而在小说方面，田军的《第三代》、端木蕻良的《大地的海》、左兵的《天下太平》都是反映现实生活的杰作。无论是作家创作的转向，还是文学主题的转变，都显示出中国现代文学对中华民族抗战斗争的呼应与表现。

值得特别注意的是，虽然作者陈大仁的具体身份无法确认，但他显然对共产党和红军方面的创作比较熟悉和支持。除了丁玲和谢冰莹，他还特别提到了夏衍和舒芜加入红军："我们至少知道两个作家以普通战士的身份从军，他们是舒芜，《没有祖国的孩子》的作者；夏衍，他的《包身工》获得了评论家们的大量称赞。他们都在朱德将军领导的八路军中，两人都写了许多描写红军军中生活的作品。"在这篇不长的年记中，作者还用相当多的笔

---

① Chen Ta-jen, "Literature Chronicle", T'ien Hsia Monthly, Vol. 6, No. 3, March 1938, p. 228.

墨介绍了一部报告文学作品,即当时尚未出版的《二万五千里》,并借此赞颂了长征。他写道:"这些书(报告文学)中有一本还在准备中,将以《二万五千里》为名,这是关于从江西到西北的长征的一个文集。埃德加·斯诺在他的名作《红星照耀中国》中谈到过这本书,这本书由多人写成,总字数超过三十万字……一言以蔽之,长征永远能够激起世界的好奇和钦佩,我们有理由相信,一旦出版,它就会俘获大众读者。事实上,我们确切地知道,多种语言的翻译权已经确定。不难预测,不论在国内还是国外它都会非常畅销。"[①]

《二万五千里》是红军将士集体创作的长征回忆录。中央红军到达陕北后,为了向国内外宣传长征,中央革命军事委员会向参加长征的全体同志发出号召,征集长征回忆录。红军将士,包括中央领导、军委领导积极响应,纷纷撰写,两个月内征集到了200多份稿件,多达50多万字。经过编选统稿,至1937年2月选定了包括109篇文章、10首长征歌曲以及英雄榜、长征里程表在内的《二万五千里》书稿。随后,又组织眷写、修改润饰,装订成若干本,其中一本转至上海准备出版,但实际未能面世。直到1942年,保存在延安的底本才改名为《红军长征记》少量出版。

由于这本书未能实际出版,因此,掌握这本书信息的陈大仁很有可能是红军内部人士。总体来看,这篇年记虽然名为"文学年记",但作者似乎对于全面记录当时文学的发展情况不甚在意,而是以报告文学、传记文学、小说几个类目,介绍了一些左翼作家、延安作家的作品,在记录战争对文学影响的旗号下,实际上是旗帜鲜明地宣传和支持左翼文学和共产党的文学创作,加上发表时间正在第一次国共合作初期,言论环境较为宽松,更为作者

---

① Chen Ta-jen, "Literature Chronicle", *Tien Hsia Monthly*, Vol. 6, No. 3, March 1938, p. 228.

表达这一立场提供了便利，是《天下月刊》对内所坚持的公平性原则的一个代表性作品。

第二节 立体展现现代戏剧发展的戏剧年记

《戏剧年记》（"Drama Chronicle"）是《天下月刊》向英语世界介绍中国戏剧的重要途径。1936年起，抗日战争形势日紧。作为在战争中最具时效性、表演性、动员性的文艺形式，戏剧活动和戏剧创作成为《天下月刊》在这一阶段的译介重点。从1936年8月到1940年，《天下月刊》每年发表一篇，共发表了五篇《戏剧年记》，向西方介绍中国戏剧的发展状况和戏剧界参与抗战的情况。在《天下月刊》刊发的所有艺术门类的"年记"中，"戏剧年记"次数最多（5次，有并列），周期也最为稳定。

与小说、诗歌等文字性的文学体裁不同，戏剧是立体的表演艺术，故事、观众、演员、剧场共同构成了戏剧的"四要素"，戏剧的翻译本就是翻译学领域中"问题最多且最容易被忽视的领域"[1]，剧本的翻译仅能平面地展现戏剧的文学文本。通过"年记"的形式，《天下月刊》对于戏剧的介绍就完全可以不止于剧本，而是能够涉及戏剧的方方面面，在20世纪30年代的中国强调戏剧社会功用的大背景下，尤其便于展示戏剧的社会影响。因此，《天下月刊》的《戏剧年记》成为20世纪30年代下半叶中国现代戏剧发展的一个比较忠实的记录。这五篇《戏剧年记》主要关注以下几方面的内容：戏剧的主题；戏剧的大众化；戏剧的专业化和戏剧队伍建设；优秀剧人、剧团、剧目的介绍。

在中国抗日战争形势日紧和世界反法西斯战争的时代潮流

---

[1] Susan Bassnett, *Translation Studies*, London: Mehtuen & Co. Ltd., 1980, p. 120.

下，戏剧的主题方面，《天下月刊》尤其强调戏剧对战争形势的反映，关注戏剧的战争动员作用。作为全国文艺界最早的抗日统一战线组织——中国剧作家协会的发起人之一，姚莘农在其1936年执笔的首篇《戏剧年记》中提出，《秋阳》《东北之家》《走私》等剧目的出现，"证明了中国的戏剧工作者们开始觉醒，意识到戏剧舞台作为宣传媒介的价值，意识到戏剧在文化抗敌战线上的作用"，"最近的戏剧主题无疑从经典剧目、社会问题剧向与保卫国家有关的问题转变"[1]。

1938年5月的《戏剧年记》由Frank. B. Wells执笔。F. B. Wells是《天下月刊》在这一年份较为活跃的撰稿人，除了这篇《戏剧年记》，他另有两篇书评在《天下月刊》刊出，分别评论了埃德加·斯诺的《红星照耀中国》（1938年6月，第6卷第3期）和反法西斯斗士亚瑟·凯斯特勒（Arthur Koestler）的自传《西班牙自白书》（*Spanish Testament*）（1938年10月，第7卷第3期）。在这篇年记里，他认为，"与一般战争状态下文艺创作的萧条不同，中国的文艺在日本的侵略中反而复兴了"，"文艺家们从现实和商业的约束中解放出来"，"在所有的艺术形式中，戏剧从当前的战争中获得了最大的发展动力。大部分战争期间上演的戏目均由战前组建的工人剧团上演，均是关于战争题材或是中日冲突主题"。对于中国战争年代戏剧的宣传化与工具化，F. B. Wells认为，"虽然战争时期的戏剧创作过于宣传化，但审美性的缺陷由戏剧创作的严肃性与热情所弥补。在牺牲精神的支持下，剧作家、演员、艺术家们都将个人的事业让位于国家的利益，争取全国永久的和平与安全"[2]。F. B. Wells的这一艺术性让位于宣传的

---

[1] Yao Hsin-nung, "Drama Chronicle", *T'ien Hsia Monthly*, Vol. 3, No. 1, August 1936, p. 45.

[2] Frank. B. Wells, "Drama Chronicle", *T'ien Hsia Monthly*, Vol. 6, No. 5, May 1938, p. 475.

观点，基本奠定了1938—1940年三篇戏剧年记的主基调。梁琰在1939年的年记中援引F. B. Wells的观点，认为抗战时期戏剧应该承担起启迪民众爱国精神、鼓舞国家重建以及呼吁国民抵抗外敌的重任："剧院现在就是一个宣传工具，但是在战争时期，还能要求舞台为我们提供什么？舞台能为我们上演的只能是一出更大的戏——战争。舞台与战争二者不可分裂。"① 执笔1940年戏剧年记的凌皑梅同样认为，"中国的戏剧是和战争一起发展起来的"，戏剧在战争氛围中具有"如同乐器鼓点一般有力"②的宣传作用。

事实上，戏剧为抗战服务的观点，是全民抗日形势下戏剧界的真实情形和普遍共识，田汉的《关于抗战戏剧改进的报告》（《戏剧春秋》第1卷第6期、第2卷第2期、第2卷第3期）正是对这一情形的记录，洪深的《抗战十年来中国的戏剧运动与教育》也是对戏剧界抗战行动的总结。世界性的反法西斯战争客观上成为中国现代戏剧走向世界、带动世界了解中国文学的一个窗口。以此为契机，《天下月刊》同人热切地将中国人民的戏剧抗战活动介绍到西方，并且不仅仅局限在《天下月刊》这一本刊物上。姚莘农于1937年作为唯一的中国代表参加苏联戏剧节。主编温源宁于1937年出任国民党中央宣传部国际处驻香港办事处主任，这一机构的重要任务之一就是负责抗日战争的对外宣传工作，前面提到的该机构于1938年2月创办的另一英文刊物 *Far Easten Mirror*（《远东镜刊》）以抗战宣传为全部责任。该刊频繁刊译以抗战为主旨的剧本，包括倪平的《北平之夜》（1938年6月10日）、石凌鹤的《火海中的孤军》（1938年9月10日）、李时建的

---

① Liang Yen, "Drama Chronicle", *T'ien Hsia Monthly*, Vol. 8, No. 2, February 1939, p. 180.

② Ling Ai-mei, "Drama Chronicle", *T'ien Hsia Monthly*, Vol. 10, No. 3, March 1940, p. 256.

《小夜曲》（1938年6月25日）、宋之的的《黄浦月》（1938年8月）、丁玲的《重逢》（1938年8月10日），成为中国现代戏剧的又一个展示窗口。

《天下月刊》的几篇《戏剧年记》关注的另一个问题是戏剧的大众化。20世纪30年代，左翼戏剧家发起了"戏剧大众化运动"。姚莘农虽然未加入任何文学流派，但他与左联人士交往密切，赞同左翼文学的观点和主张。在1936年的戏剧年记里，他按照阶级，从中产阶级（Middle-class）和雇员（Salaried men）成立自己的剧团，到工人、农民戏剧组织的显著发展，再到"始终作为新剧骨干力量"的学生，记述了各个阶级的戏剧运动发展状况。通过翔实的材料，他总结了近来戏剧发展的趋向："过去，我们的现代戏剧总是高居云端，骄傲地不肯屈尊看看国家的需要。最近的值得赞许的倾向是，他们正在舞台与现实生活之间建立更紧密的联系。"①

因此，姚莘农对工人、农民的戏剧关注尤多，上海工人剧社和河北定县、江苏无锡等地的农民剧团都是他重点介绍的对象。他认为，工人和农民有着自己阶级的欣赏趣味，他们愿意观赏的是与自己生活经验相关的剧目，因此，他们对翻译的西方经典剧目和为知识分子而写的复杂剧目不感兴趣。他对尤克的《回声》、章敏的《弃儿》、崔嵬的《工人之家》《失去了家乡的母女们》、熊佛西的《屠户》等符合工人或者农民欣赏旨趣的剧目给予了较高的评价。在1937年的《戏剧年记》中，他还认为，翻译和改编剧是可以尝试的途径，但一定要注意剧目的选择，他对比了欧阳予倩的《欲魔》（改编自托尔斯泰的 *The Power of Darkness*）和章泯的《大雷雨》（改编自奥斯特洛夫斯基的 *Storm*）等的成功与

---

① Yao Hsin-nung, "Drama Chronicle", *T'ien Hsia Monthly*, Vol. 3, No. 1, August 1936, p. 46.

孙师毅的《生死恋》（改编自毛姆的 The Scared Flame）的失败，指出改编剧的成败，在于是否符合中国的实际，是否能够被劳动人民（Labour）欣赏和接受。[1] 在类似的思想下，1938 年的年记中，F. B. Wells 谈及了欧阳予倩对传统京剧《桃花扇》和《梁红玉》的改编，认为这是用古典的戏剧形式向更广大的民众宣传爱国思想的成功实践。在 1939 年的年记中，梁琰则介绍了熊佛西的两个群众广泛参与的巨型戏剧——《儿童世界》和《双十万岁》。

在戏剧的专业化和戏剧队伍建设方面，最有力的陈述是姚莘农 1937 年的《戏剧年记》。姚莘农提到，刚刚过去的 1936 年被媒介普遍称为"戏剧年"，因此，在 1937 年的年记里，他表现出了对现代戏剧的饱满的乐观和信心，全文着力于对戏剧的未来发展可能存在的问题的考虑。在 1936 年的年记中，他不无遗憾地提到"中国旅行剧团"是国内唯一的专业戏剧剧团，因此，这一年之中，业余戏剧组织的专业化尤为令他欣喜。他从专业剧团、专业话剧协会组织、专业话剧剧院相继出现的现象出发，认为能够供养这些"专业"的话剧团体，正说明"新戏有了足以支撑其以惊人速度发展的庞大观众群体"："现在，在 Carlton（上海的专门话剧剧院）门口，经常可以看到'满座'的牌子，很多戏剧的档期和票房甚至都超过了同时的大多数电影。"在人才储备层面，他指出，优秀编剧和优秀剧目的数量无法满足新剧的快速发展，并认为夏衍、尤克、欧阳予倩、宋之的等左翼剧作家组织的"戏剧工厂"是有效且有益的尝试。除此之外，作为戏剧从业者，他还控诉上海工部局（Shanghai Municipal Council，SMC）的审查制度和粗暴禁演，严重阻碍了戏剧的发展。

---

[1] Yao Hsin-nung, "Drama Chronicle", T'ien Hsia Monthly, Vol. 5, No. 1, August 1937, p. 54.

在接下来的篇幅里,他以充足的笔墨介绍了上海五大专业剧团(业余实验剧团、中国旅行剧团、四十年代剧社、新南、光明)及其他著名剧团以及各自的代表剧目,如夏衍的《赛金花》(四十年代剧团)、阿英的《春风秋雨》(中国旅行剧团)、曹禺的《日出》(戏剧工作社)、宋之的的《武则天》(业余实验剧团)等,呈现出以上海为首,南京次之,北平、天津、汉口等地为辅的中国现代话剧百家争鸣、众声喧哗的局面。

总体而言,《天下月刊》的这五篇《戏剧年记》质量并不统一,篇幅也有长短。姚莘农作为著名的戏剧界人士,对中国戏剧的情况非常熟悉,理论水平也较高,他的两篇《戏剧年记》,篇幅分别达到了 12 页约 5600 词(1936)和 10 页约 4400 词(1937)。1937 年,姚莘农赴苏联参加戏剧节,而后赴美国耶鲁大学戏剧学院进修。1940 年他回到孤岛上海,而此时《天下月刊》编辑部已经搬至香港。因此,从此 1937—1939 年,姚莘农的名字虽然仍在编委之列,却没有再为刊物撰稿,1938 年开始《戏剧年记》也由他人接手撰写。1939 年 8 月之后,他的名字更是不再出现在《天下月刊》的编委名单之中。这五篇《戏剧年记》中,除姚莘农所写的两篇以外,剩下的三篇篇幅都较短,均在 2000 词以内,作者也并不是知名的戏剧界人士,对中国现代戏剧的了解程度和认识深度远不及姚莘农,在文章中明显可以看出其局限,观点也比较单一,更接近于短篇的评论。这或许是由于姚莘农离开以后,《天下月刊》在戏剧方面缺乏得力的编辑部成员,也反映出编辑部在迁往香港(1937 年年底 1938 年年初)后,在战争时期的特殊条件下,在对国内情况的掌握上出现了一些困难。但是,总体而言,还是实现了年记栏目的既定宗旨,即"对当今中国的文学与艺术作出鸟瞰式总结"。与同时期其他中文刊物发表的年度戏剧总结、瞭望相比,后三篇在具体案例的涵盖面上多有不足,但姚莘农所撰写的两篇，则相当出色。比如《戏剧时代》第1卷第1期所发表的《一九三七年中国戏剧运动之展望》，广泛收集了阿英、余上沅、章泯、凌鹤等36位戏剧界同人的观点意见，所关注的问题大体并不脱《天下月刊》戏剧年记的范围。对于想要了解中国现代戏剧的西方读者而言，姚莘农的《戏剧年记》应当说是提供了比较充足的信息和深刻的见解。

第三节　反映外来影响与政治化转变的诗歌年记

《天下月刊》共发表了四篇《诗歌年记》，时间在1936—1939年，每年一篇。其中1936年、1937年的两篇，作者为邵洵美，1938年、1939年的两篇，作者署名凌岱，实际上应该是叶秋原。[①]

邵洵美在《天下月刊》所发表的两篇《诗歌年记》，对战争状态下的现代诗歌发展历程进行了述评。除战争的外部因素以外，他还从文学本身的角度，回溯、观察中国白话诗的发生历程。

在1936年的《诗歌年记》中，邵洵美集中力量从西方诗歌对中国新诗影响的角度，概述了近二十年诗歌的发展状况。邵洵美认为，以胡适为起点的中国白话新诗，起源于对西方诗歌的学习借鉴："中国的现代诗如果去除其中的外来影响，就没有了骨架。即使是现代诗的发起人也都受到过外来影响、都有其外国的偶像。最早的胡适就受到过白朗宁、华兹华斯的影响。"[②] 作为新月派同人、徐志摩的密友，邵洵美盛赞了徐志摩在新诗运动第一

[①] 叶秋原常用笔名为凌黛，但也以"凌岱"为笔名在《前锋月刊》1930年第1卷第3期发表《艺术社会学之是非：读弗理契著艺术社会学》，此后，他还用这一笔名在1934年在《人言周刊》发表了《法西斯帝的形式》《内容与形式》《中国的国税》等7篇文章，并于《战时记者》《论语》《真理杂志》等刊物发表了多篇文章。

[②] Zau Sinmay, "Poetry Chronicle", *T'ien Hsia Monthly*, Vol. 3, No. 3, October 1936, pp. 264–266.

个十年间的功绩:"徐志摩的创作不仅证明了现代诗不同于旧体诗,更说明了现代诗可以取得比旧体诗更大的成就。他完全打破了旧体诗的传统。他的诗歌不再是中国画式的平面景致的堆积。"邵洵美强调并肯定了以徐志摩为代表的新月派在融合中与西、传统与现代的过程中所取得的成绩,认为完全打破旧诗的传统、向西方学习是新诗发展必经的历程。他写道:"就像志摩所使用的词,完全是'外国式'的。他并不以'外国式'为耻,相反,他喜欢这种外国式并渴望成为外国式。因为他坚信中国有太多的东西需要向外国文学学习。融合中西方才能创造出一个新的混血儿。"

而后,邵洵美不无悲痛地指出,徐志摩的意外身亡使中国的新诗发展一度跌落谷底,而改变这一状态的是卞之琳诗集的出版。卞之琳在翻译、学习西方现代派、象征派诗歌的基础上,吸收了里尔克式的激情和波德莱尔式的纯情,马拉美式的象征派诗歌对陌生化技巧的运用。这些外来影响使他的诗作"创造出一种新的格调,从和生活相近的事物中采集意象,力图保持情感纯洁、保持个性,少受别人情感的影响"。他还指出,时代图书公司于当年出版的"新诗库"系列丛书,表明了中国新诗人对西方诗歌的学习借鉴。这一时期自由体诗与美国意象派是影响中国新诗创作的主要因素,代表人物是戴望舒、金克木等人。针对当时诗坛对美国意象派的模仿,邵洵美指出意象的使用确实源于东方,但"美国意象派诗人为我们的已死之躯注入了新的灵魂"——中国诗人从对美国意象派的学习中重新认识到传统诗歌意象的价值并寻得东西方的结合。邵洵美最后引用詹姆斯·亨特(James Hunter)对俄国文学的评论肯定新诗对西方诗歌的学习借鉴:"这片希望与幻灭并存的广大土地成为各种西方理论与思想的实验场所。没有一个国家像它这样敏感地把握时代精神的变动，也没有一个国家的文学能像它这样清楚地反映时代思想与情感。"

从邵洵美的论述重点与立场可以看出，他观察中国新诗的发展历程及20世纪30年代诗坛状况的出发点是纯诗理论与外来影响，并且比较局限于与他有私交或出版往来的诗人，这导致年记的涉及面较为狭窄，并不能反映1936年中国诗坛的全貌。但是，邵洵美把握住了解读白话新诗颇为关键的"外来影响"这一因素，既肯定了外来影响对白话新诗创作的巨大作用，也指出了这种借鉴必须建立在与中国传统因素相结合的基础之上，而不是低劣的模仿。哈罗德·阿克顿以对传统的继承为标准选译白话诗，邵洵美从外来影响的角度解读白话诗，二人殊途同归，都强调了外来影响与传统因素的结合。中西方诗人在《天下月刊》所提供的国际文化平台上，以相辅相成的视角阐释了他们对中国新诗的理解，恰恰印证了20世纪中国新诗在现代化过程中，"世界性""民族性"和"现代性"这三个互相联系又互相牵绊的向度之间你中有我、我中有你、同体共生的特质。20世纪30年代中期，现代派诗人在诗学理论和创作倾向上出现了分化，叶公超、金克木、卞之琳等人以一种较为自觉的方式，介绍柯尔律治、艾略特、瑞恰慈的知性理论，开始转向了对于诗的知性和思维方法的现代性追求，这与持象征主义观念的梁宗岱、戴望舒、朱光潜等形成鲜明的分野，由此也构成了现代派前后期的分界。

1937年金克木以柯可的笔名，在《新诗》第4期（1937年1月）上发表了《论中国新诗的新途径》一文，借鉴艾略特、瑞恰慈的诗学理论，第一次提出了"主智诗"的概念，并以知性为标准对当时的诗坛做了一个分类。现代派诗人和诗论家引入和转述西方的知性理论话语，其意义不仅在于对传统的感悟思维模式的突破，也是对"五四"以来浪漫主义诗学话语的反拨，意在建立一种新的美学体系，直接开启了20世纪40年代更为明确自觉的"新诗现代化"运动。

邵洵美立即把握住了诗坛的新变化，在1937年11月为《天下月刊》撰写的《诗歌年记》中，邵洵美指出了《新诗》这一刊物在理论上对当今诗坛创作的影响，而且以金克木在《论中国新诗的新途径》一文中所提出的"智的""情的""感觉的"划分标准，对当年的中国诗坛做了归纳。邵洵美将何其芳、李广田、卞之琳归为"智的"诗人，指出这三个有着同学关系、风格相近、各有所长的诗人在诗作中都表现出精致的语法、微妙的情感、质疑的思索。左翼的臧克家、艾青的叙事诗则是"情的"诗人最好的演绎。左翼诗人认为，诗就是要表达感情，并且采用中国比较少见的长篇叙事诗的形式，实现了情、事合一。诗坛新人徐迟等的形式诗属于"感觉的"。邵洵美指出这类以形式取胜的诗给读者理解造成了一定的障碍，更类似于文字游戏。如果说金克木发表于1937年年初的《论中国新诗的新途径》是从理论角度对中国新诗的内容与形式做了分析，邵洵美发表于当年年末的英文《诗歌年记》则结合诗人诗作对该文的理论做了形象注解。

1937年的《诗歌年记》除关注上述问题外，更多地关注到战争的外部因素对诗歌发展的影响。在1937年11月的《诗歌年记》中，邵洵美写道："战争压垮了我们，然而诗歌的艺术之花再度开放。1936—1937年证明了诗歌发展的可能。虽然诗歌艺术进展不大，但成果却是斐然的——10种诗歌杂志得以出版，不少于20种诗集得以发行。其中，戴望舒出版的《新诗》月刊意义重大，该刊主要致力于诗歌及评论，发行量不大，但它的成功之处尤其在于刊发了一些诗歌评论文章，如柯可的《论中国新诗的新途径》被誉为是关于中国新诗最好的评论文章之一。随着战争进程的逐步扩大，诗歌创作及出版受到重创。此前的一些主要的诗刊及发表诗歌的杂志都停刊或缩版，取而代之的是如《烽火》及《解放日报》文艺版等开始刊发诗歌作品。"①

不同于邵洵美"只缘身在此山中"的诗人身份，叶秋原以凌岱为笔名发表于1938年12月第7卷第5期的《诗歌年记》②更多从外部角度观察诗歌在这一年的发展。他认为，1937年以后，战争虽然扰乱了诗人的生活，摧毁了诗人所要歌咏的美好事物，但诗歌创作仍然在顽强进行。新的诗歌刊物及诗人开始涌现，诗歌创作地域也开始转向内地并逐渐分散。进而他对战时各地的诗歌刊物进行了详细的介绍。进入他视野的有发表了鹿地亘、罗烽、力扬、李雷等人作品的汉口的《诗时代》，发表了穆木天、徐嘉瑞、彰慧等人作品的昆明的《战歌》，以及发表过大量战时诗歌作品的长沙的《中国诗艺》、广东的《东方诗报》等。他指出，战时涌现出的大批青年诗人及作品，汇入了当时的战争文学的主潮，诗歌成为承担政治宣传功用的重要文艺载体。叶秋原还通过分析艾青的诗歌，说明战争诗也可以兼顾主题与艺术："在优美简洁的诗句里隐藏着在北方土地劳作的普通民众的深愁。艾青的诗不仅写出了这种深愁，更超越了它，从而写出了一种信念，即对中国人的信心及对中国必胜的信心。"叶秋原认为，战争诗的兴盛不仅符合时代的需要，更推动了诗歌的"中国化"。因为处于战争年代，诗歌为了深入民间，动员普罗大众，就要借鉴民众熟悉的古典诗歌的体式，所以"与战争诗相伴随的还有诗歌的中国化运动：一反过去引进西方诗歌体式写诗，这一运动以古典诗歌形式，传达现代思想与理念"。

总体而言，《天下月刊》连续四年间的《诗歌年记》，在主题

---

① Zau Sinmay, "Poetry Chronicle", *T'ien Hsia Monthly*, Vol. 5, No. 4, November 1937, p. 400.

② Ling-tai, "Poetry Chronicle", *T'ien Hsia Monthly*, Vol. 7, No. 5, December 1938, p. 492.

第五章 《天下月刊》所刊现代文学相关年记和论文

上有所延续,即在战争时代的大背景下讨论诗歌发展进程。但是,两位撰稿人之间也存在明显的分歧,特别是在对诗歌政治化的态度上。作为新月派诗人,邵洵美也对诗歌的过度政治化抱有警惕。他写道:"难道散文不比诗歌更适合表现战争题材吗?每天在报纸上读到这些诗歌,就仿佛是在看老人在跨栏跑,动作标准,但却缺乏一种年轻人所该有的孩子气。我搞不懂战争诗歌是发展得过快还是不足。但我能确定的是:它们并不真实,这难道就是作为宣传媒介的报纸所该有的情形吗?"由此他认为,战争诗歌不能过于倾向于功利性的政治宣传,而应该具有文学的本体性特征,"他们虽然在战争中产生,但是他们并不应当成为想要在短时间发生效果的宣传工具"。他认为,战争文学古已有之,但有着自身的文学特点。战争文学主观上展现将士精神与民众苦难,客观上描述与战争相关的现实经验。"他们有详细的描画,但是没有炫耀的辞句;因为作者的目的本不在于宣传,他们甚至也许只是在满足他们当时个人的要求。而这种战争文学却能在文学上占有永久的位置。"[①]

而叶秋原在1939年的《诗歌年记》中,在战争与诗歌的关系问题上表达了与邵洵美恰恰相反的观点。与同年度的《戏剧年记》类似,这一年的《诗歌年记》也持有艺术性让位于现实需要的观点。叶秋原认为,诗歌可以而且应该作为政治宣传工具,因为它能便捷地深入大众内心。他从中国诗歌发展的历史中寻找源头,论证诗歌为战争服务的合理性。他指出,战争诗歌古已有之,并以唐诗为范例,认为恰恰是唐代的动荡时期出现了唐诗的高峰和顶点。由此他认为,抗战爆发后,中国诗歌的优雅艺术性应该让位于战争现实的残酷性,古代诗歌所惯于表现的田园牧歌

---

① Zau Sinmay, "Poetry Chronicle", *T'ien Hsia Monthly*, Vol. 5, No. 4, November 1937, p. 400.

情调及个人生命体验，应该被战争的枪炮声取代。与此同时，他还对当时出现的朗诵诗运动给予了极高评价。

第四节　反映电影发展困难的电影年记

《天下月刊》共刊发了三篇《电影年记》，分别由姚莘农于1937年4月、杜恒于1938年10月和1939年10月发表。

1937年的电影年记题为《中国电影》（"The Chinese Movies"），身为知名电影编剧的姚莘农从专业视角层层深入，深刻地揭示出当时电影发展中遇到的困难。

姚莘农首先肯定了中国电影在短短20年的时间里所取得的成就，认为"即使是最草率的观察，也不能忽视中国电影与前些年相比所取得的成就"[1]。他认为，1935年上海制作的电影，"已经在声效、故事、剪辑、思想、摄影等方面都达到了一个较高的水准"。当然，他也明确指出，中国电影距离好莱坞还有很大差距，其中资金困难是重要的原因之一。因为缺乏资金，中国电影所需的先进设备难以引进，"以摄像机为例，中国现在用的摄像机都是好莱坞五六年前淘汰的"。在后文中，他详细地分析了电影行业缺乏资金的原因。在他看来，根本原因是银行家掌握了电影工业的资金来源，从而也就掌握了电影工业的发展命脉。银行家们认为，电影能获得的回报有限，因此不肯加大投入。而资本的导向还产生了另外一个问题，就是电影制片厂不得不出产许多更有票房保证的、低级趣味的"软电影"。可以看出，姚莘农对电影发展所遭遇的资金困难，分析是由浅至深、层层深入的。他所指出的资本控制所带来的弊病，揭示出了电影行业的本质困境之

---

[1] Yao Hsin-nong, "Chinese Movies", *T'ien Hsia Monthly*, Vol. 4, No. 4, April 1937, p. 393.

一，直到今天对中国电影行业仍然适用。

姚莘农着重论述的另一个影响中国电影发展的重要因素是审查制度:"在世界上的任何国家，电影审查的司法权都属于一个审查机构——这对于电影工作者来说已经够糟糕的了——可惜的是，中国甚至有好多个。"他详述了中国电影的审查过程——要先由中央电影检查委员会审查，而后由上海工部局进行"国际影响"检查，最后再由日本殖民者进行检查。在这三重检查中，姚莘农着重批评了上海工部局唯唯诺诺、首鼠两端的做法。他还通过具体的例子来讽刺监管机构，并嘲讽说，"令人惊异的是上海工部局的态度，他们有时候比日本人还激动和吹毛求疵"。

尽管有着资金和审查"两座大山"，但姚莘农还是认为，中国电影在发展中也呈现出一些积极的因素。一是电影人对现实题材的关注。在严厉的审查制度下，中国电影人很难用直白的方式来反对日本侵略，但是许多作品在"软电影"的外表下，关注的是家国存亡、对工人阶级的关心、女性权利等主题，如《清明时节》《迷途的羔羊》《十字街头》《新旧上海》等。二是众多剧作家加入电影行业中，保证了中国电影"尽管缺少好的技术背景，却总是拥有好的故事和思想"。三是新人辈出，观众品位的不断提高要求电影业不断挖掘新人，因而涌现出了很多不仅仅以外表见长，而是有天赋、有思想、受教育水平较高的电影新星。四是公众对电影的需求越来越强烈。1936年在上海上映的外国电影多达373部，其中美国电影343部，并且大多数取得了不错的票房，因此姚莘农认为，中国观众对电影的需求是很大的，既然能够支撑起300多部外国电影，没有道理不能为几十部中国电影贡献票房。

此外，姚莘农还特别提到了电影批评界对电影发展的贡献。他举出了近来电影评论界发生的两件大事，一是32位电影评论家联名致艺华影片公司的公开信，认为他们生产了太多"软电影";

二是电影评论家们对《狼山喋血记》的推荐。姚莘农认为,"尽管事实上,因为与特定的电影厂、影星、导演千丝万缕的联系,电影评论家们的观点常常带有偏见,但是他们表现出了能够生产出更为客观评论的成长"。

综上所述,姚莘农最后对战时中国电影发展进行了整体述评,对于中国电影的发展前景,姚莘农抱有乐观的预期:"总而言之,除资金短缺外,近年来,中国电影在各个方面都获得了相当大的进展。较之于五年前,中国电影各方面都有所进步,不久的将来会达到更高水平。此外,不难发现,越来越多的著名剧作家、评论家、表演家开始加入电影行业,他们中的大多数拥有进步的思想,并且并不只是关注左翼电影。如若给予更多的时间,更多的资金用以改进技术,中国电影人就能生产出堪与好莱坞媲美的电影佳作。"

作为当时上海知名的电影编剧,姚莘农的这篇《中国电影》从电影行业发展的角度,直指电影发展遇到的困难。同时也通过对中国电影正在出现的健康势头的列举,表达出了他本人的电影观:在思想上,要关注现实题材;在内容上,需要由作家和剧作家创作高质量的剧本;在演员选择上,更注重内涵而非仅仅只注重外表和表演;对于电影投资而言,投资人应该具有更为长远的眼光;对于电影评论而言,应该更加中立而非出于私利。以上几点如果能够发展好,中国电影就能够在恶劣的外部条件如频繁的战争、严酷的审查制度下有所发展。姚莘农的观点,涉及了电影发展的众多方面,中肯而务实。

1938年的电影年记作者为杜恒,笔者认为,可能为杜衡[①]。

[①] 杜衡与《天下月刊》编辑叶秋原同为"兰舍"成员,在20世纪30年代为各大期刊撰稿。且杜衡从事翻译工作,具备英文写作的能力。另外,《天下月刊》编辑部于1938年迁往香港,而杜衡也在这一时期避居香港,具备供稿条件。

与姚莘农全景式的论述和乐观的预期不同，杜恒主要着重于抗战爆发、迁都重庆以后电影行业的变化。他认为，在抗日战争之前，上海出现了明星、联华、新华及艺华中国四大著名影业公司以及南京的中央摄影场，中国电影的发展欣欣向荣，但是战争带来的混乱使他们不得不面对新的局面。战争爆发后，私营制片厂基本上停止了生产，而迁往重庆的中央摄影场和国营的中国制片公司试图填补这些空白。作为全面抗战的一部分，他们拍摄了许多爱国影片，如《热血忠魂》等。

而原先依附于各大制片厂的电影从业人员在抗战爆发后也从上海流散至各地：应云卫、袁牧之、史东山、黎丽丽、黎明健等来到汉口，加盟中国制片公司；沈西苓、蔡楚生、司徒敏慧等去往香港；还有一部分人到达陕西。由于缺乏电影设备，蓝苹、陈波儿等人转向了戏剧表演。一流的中国电影从业人员迁往内地，给上海电影生产者带来了巨大困难。同时，被日本人占领的上海，审查更加严格，为数不多继续生产的电影厂只能靠拍摄色情片度日。

在这篇年记里，杜恒展现出了抗战爆发以后，电影业分崩离析的局面。虽然他没有给出判断，但显然他对中国电影的预期并不乐观。与姚莘农不同，杜恒并非电影界内部人士，因此他更趋向于表面的观察而非深入的剖析。

1939年的《电影年记》仍然由杜恒执笔。在这篇年记里，杜恒继续介绍了电影行业迁往西南之后的情况。不过，比起1938年，他的态度显然乐观了许多。

在这篇年记里，他着重讲述了中国电影面临的"双重标准"的问题。他写道："多年来，中国电影在英属马来西亚和荷属东印度建立了很好的市场。随着战争向家乡靠近，这些地方的观众非常自然地想看表现战争的中国电影。他们想看到日军在中国所犯下的累累暴行。但是，为了保持对日本的中立，英国和荷兰的执政者禁止这类影片在马来西亚和东印度上映。因此，中国的电影生产者面临着一个'双重标准'：一条是对于国内市场的标准，一条是对国外市场的标准。"① 他指出，电影从业者为了既满足国内电影市场对爱国电影的需求，又通过国外市场的审查，电影从业者不得不生产了许多历史片和"轻电影"。

  此外，他介绍了电影行业转向西南以后的发展。与1938年的悲观相比，他乐观地写道："尽管面临着诸多困难，但中国电影仍在坚定前行。现在，我们看到四川和云南正在生产着许多新的电影。"之后，他着重介绍了重庆的中央电影摄影场和武汉的中国电影制片厂所取得的成就。中央电影摄影场出产了《孤城喋血》和《中华儿女》；中国电影制片厂则生产了许多新闻短片以及《好丈夫》，《塞外风云》等电影也正在拍摄中。此外，他还介绍了1939年春天刚刚在香港成立的大地影业公司的相关情况。

  从同一作者观察和态度的变化中我们可以看到，中国电影事业在快速地恢复着，我们也可以看到中国电影人没有被战火打垮，仍然在以生生不息的爱国热情和敬业精神努力地工作着，在战时极为艰苦的条件下，仍然创作出了《中华儿女》这样载入史册的经典之作，这样的精神和态度相当令人动容。

第五节 哈罗德·阿克顿的《中国现代文学的创造精神》

  哈罗德·阿克顿（1904—1994），全名 Sir Harold Mario Mitchell Acton KBE（Knight Commander of the British Empire），是著名的意大利裔英国诗人、历史学家、中国文学翻译家。哈罗德·阿克

---

① Tu Heng, "Cinema chronicle", *T'ien Hsia Monthly*, Vol. 9, No. 4, November 1939, p. 355.

第五章 《天下月刊》所刊现代文学相关年记和论文

顿是《天下月刊》最重要的外籍撰稿人之一,他在《天下月刊》发表的作品既有译作也有论文,译作包括三部昆曲和七首现代诗。阿克顿的《中国现代文学的创造精神》,是《天下月刊》发表的现代文学研究方面最重要的论文。

在这篇文章中,阿克顿以"全新的航线"比喻白话新文学,他开宗明义地指出:"尽管中国文学已经开辟了全新的航线,但西方人对此几乎全然不知。"[①] 至于原因,他批判西方汉学家倾心于深奥晦涩的古典中国知识,使现代西方人对中国的知识仅停留于过去。他写道:"如果一个人决心为一项艰苦卓越的工作奉献终身,就会避免选择短暂的当下事物为目标,而将目光投注于辉煌灿烂的过去。汉学家如威廉·赫兹里特(William Hazlitt)等辈,他们对死的文学比活的文学更有信心。他们认为'现代文学的烟尘和喧嚣,与不朽所要求的纯净与寂静相去甚远'。"但是阿克顿认为,"我们当中大多数人并不关心不朽。我们急于知道今天的中国作家们在思考什么和感受什么。我们知道有这样的作家:不仅他们的用词和声律改变了,而且,新的知识和新的环境迫使他们以旧的语言完全没有办法表达的方式去感觉和思考"。他由此认为,西方汉学家对中国现代文学缺乏真正的关注和了解,他们所谓现代中国文学缺乏真正创造精神的观点,远不符合事实。

在这篇文章中,阿克顿紧扣"创造精神"这一主题。为了证明中国现代文学具有自己独特的创造精神,并且基于英语读者对中国现代文学缺乏基本了解的认识水平,阿克顿在这篇文章中更多地采用了以述代论的方法。他以白话文运动为起始,以"创造精神"为线索,将中国现代文学的发展过程中,展示出卓越创造

---

① Harold Acton, "The Creative Spirit in Modem Chinese Literature", *T'ien Hsia Monthly*, Vol. 1, No. 4, November 1935, p. 374.

精神的重要作家展现给英语读者。因此，阿克顿的这篇文章有两个层次的理路，文章的底层是创造精神如何在中国的白话文学中得以呈现的这一理论性问题，而对于普通读者而言，也完全可以作为一篇浓缩版、普及版的现代中国白话文学史来读。事实上，虽然单就题目来看似乎是讨论单一问题而非述史，但作者在行文中已不时透露出以此文简述现代中国白话文学史之意，如"有了郁达夫和徐志摩，任何版本的现代中国白话文学史的第一章应该结尾了，不过这并不是一个令人快乐的结尾"，"第二章现在正被书写"。

阿克顿在他的这篇论文中，首先重点介绍了"白话文运动"，他认为，"白话文运动"自身就证明了现代中国文学具有一种真正的创造精神。

阿克顿回溯了白话文运动的历史。他谈到，"白话文运动"的概念首先为胡适所提出，胡适1933年在芝加哥大学发表了一系列讲座，并以《中国文艺复兴》（*The Chinese Renaissance*）为题结集出版。胡适当时的口号是"死文字决不能产出活文学"（阿克顿译为"No dead language can produce a living literature"）。阿克顿还在文中列举了陈独秀文学革命的"三大主义"，阿克顿评价其为"激动人心的措词"（Stirring phrases）。但他对陈独秀也不无批评，认为陈独秀的许多主张本身就是八股文式的。

阿克顿认为，尽管受到战争的影响、政治混乱的干扰，但新文学仍然得到了发展，中国的青年作家们在作品的数量和质量上都取得了傲人的成就。同时他也指出，白话文革命并非易事，他指出："开始时，作者们把自己从强有力的传统中解放出来殊为不易。"以胡适的尝试诗为例，他认为这些诗其实"从形式到声音都显得很老式"。

阿克顿介绍的是周作人，他认为，周作人的"创造精神"在于他所提出的"人的文学"的理念是刚柔并济的,相较于陈独秀激烈的宣言更加冷静、更加吸引人。

他引用了周作人在《人的文学》中的开篇段落。有趣的是,他在翻译中有意强调了周作人"新旧这名称,本来很不妥当"一句,把它翻译成"It is not necessary to make a difference between literature that is old and new"。这一翻译,虽然大体符合周作人的原意,却有"名"和"实"的差距,放大了周作人的意思。他还提到了1922年的反基督教运动,赞扬了周作人联合北京大学四位教授支持宗教信仰自由的行动。

可以看出,虽然阿克顿赞赏陈独秀、胡适等人倡导的白话文运动所体现的创造性精神,但是并不认同崇拜一切新事物、打倒一切旧事物的进化论史观。所以,他更加欣赏周作人的文学观念。

在宣明白话文运动的创造性精神之后,阿克顿以代表性的中国现代作家作品为例,来凸显中国现代文学的创作精神。

阿克顿举出的第一个作家是鲁迅。把鲁迅作为短篇小说方面的代表,这当然是符合实情的。阿克顿论述了鲁迅在四个方面的创造精神:批判国民性、对民众的同情、对现代性的希望以及小说技巧上的创新。这一点,本书将在后面关于《天下月刊》鲁迅译介的章节中详细论述。通过详细论述鲁迅的这些贡献,阿克顿指出,"鲁迅小说中所发出的激烈的呐喊绝不孤单,因为它的影响比同时代的其他声音都要大"。

而后,阿克顿举出了郭沫若作为"同时代其他声音"的例子。他认为,郭沫若的激烈话语代表了"在西方现代教育和政治理论的洗礼下成长的中国年轻人"。他认为,郭沫若的诗既是革命的,也是天真的,更是浪漫的,并且有着完全不同于中国古代所讲求的含蓄美的情感模式。他以《女神》和《凤凰涅槃》为重点,分析郭沫若的诗歌,认为"他的诗歌中没有感情的产生、进程和意象建设，只有令读者窒息的情感的爆发"。同时他也指出了郭沫若的缺点，"过于浮躁、过于自发、过于多产"。除了诗歌集《女神》，他还介绍了郭沫若的短篇小说集《塔》《橄榄》以及中篇小说《落叶》，此外，他还特别强调了郭沫若在创造社的领袖地位。阿克顿对郭沫若的介绍，还是比较全面的，但是他表示，"从一个西方人的角度来说，郭沫若最有趣的成就是历史剧"，认为郭沫若《三个叛逆的女性》的成功，在于他传统文学功底与现代戏剧技巧的结合，"他成功地用新的方式把握了历史主题"。

阿克顿重点论述的第三位作家是郁达夫。他分析了郁达夫《银灰色的死》等作品。他认为，郁达夫的写作有着直率的暴露和表达，写出了数以千百计的中国留学生聪慧、敏感、幻灭的情感，类似于 T. S. 艾略特笔下的"空心人"。对于他们的这种情绪，阿克顿认为，要从具体环境的角度去理解，而非过度苛责。

在郁达夫之后，阿克顿以徐志摩为"中国现代文学史第一章"的"并不愉快的结尾"，这个"不愉快"是指徐志摩令人遗憾的早逝。但是，在这篇文章中，阿克顿给予徐志摩的篇幅相当吝啬，只有短短的三段，不仅不能跟鲁迅比，相比于郁达夫、郭沫若也要少很多。而在阿克顿写的另一篇文章——《〈中国现代诗选〉导言》[①] 里，情况发生了很大的变化。这篇导言在很多地方都可以看作《中国现代文学的创造精神》一文的"姊妹篇"，不仅大多数观点一脉相承，一些文字甚至是完全一样的挪用。但唯独在对郭沫若和徐志摩的态度上发生了变化。在《中国现代文学的创造精神》里，阿克顿重点介绍的中国诗人是郭沫若。虽然可以看出，阿克顿并不特别欣赏郭沫若的诗歌风格，但是仍然把

---

① ［英］哈罗德·阿克顿：《〈中国现代诗选〉导言》，北塔译注，《现代中文学刊》2010年第4期。

他当作中国现代诗人的代表。而对徐志摩,尽管他认为"已故的徐志摩是最受欢迎的白话诗人,拥有众多的模仿者和女性拥趸",介绍他的篇幅却非常有限,且在仅有的三个小段里,还用了其中一段讲述徐志摩在剑桥的交往情况而不是讨论他的作品,总体表现得对徐志摩不是很了解。而到了《〈中国现代诗选〉导言》里,情况发生了变化,首先他提出两位白话诗人"郭沫若和徐志摩""身形矫健地跳上前台",将两人并列作为中国新诗早期的代表性诗人。而后,他对郭沫若的介绍几乎是批判性的,他写道:"他太冲动了,以至于根本不倚重现实,他往往因为要发感叹而搞错事实。"篇幅的情况也发生了变化,在这篇导言里,留给郭沫若的段落少得可怜。而在谈到徐志摩时,则是赞美更多,尽管也认为在爱情诗方面"他往往坠入千篇一律的感伤",也抱怨他的意象"让译者绝望",但总体来说,他肯定徐志摩诗歌的精美和"魔术般的效果",认为这两种成功都来自对中国古典美感的承袭。

除了以上提到的几位,阿克顿的文章还涉及沈从文、林语堂、卞之琳、何其芳等现代作家,基本都是一笔带过。总体而言,无论是提及周氏兄弟的写作、郁达夫和沈从文的短篇小说,还是徐志摩和郭沫若的诗歌及散文时,阿克顿都明显地体现出了他的偏好——他偏爱既有传统价值,又有新精神和新体验的表达的作品,而对激进的文学观念和文学实践持有保留态度。实际上,阿克顿认为中国现代文学仍然处在过渡时期,作家们所使用的书写语言汉语正悄然发生深刻变化。在这样的背景下,阿克顿主张的是一种稳健的文学改良。在他看来,中国两千多年的诗歌和散文传统都在追求极端简洁和明了,中国文人不可能突然将重点和目标转向西方文学的史诗和传奇,否则将严重损害他们自己的文学趣味。"不仅仅是来自欧洲的影响,来自唐诗宋词的影响也在始终发挥着作用","每个民族都有其思想创造性和批判性的转变,人们不得不担忧中国文学的未来,除非中国文学革命是渐进式的,并坚持一定传统价值"。阿克顿赞赏这些年青一代的知识分子并没有盲目崇拜新事物,他们不但接受欧洲文学的影响,同时也继承了唐宋杰出诗人的有益传统。另外,阿克顿对中国现代诗歌的个人特定审美趣味,也体现在英译《中国现代诗选》中诗人诗作的选择倾向上,关于这一问题在后文将有专门论述。

尽管阿克顿痴迷于传统中国文化,也尊重并支持中国文化,但他在文章中也同样露出矛盾的一面:他非常喜欢把中国作家和他们的作品与西方作家相比附,比如连续用戈雅、小特尼尔斯等人来比附鲁迅,以及前面提到的用艾略特、济慈比附郁达夫。北塔在翻译《〈中国现代诗选〉导言》时,批评哈罗德·阿克顿"颇有点喜欢炫耀他的并不怎么样的学问,处处要拿中国的作家跟欧美的作家进行比较或牵连"。但是笔者认为,阿克顿的比附,虽然给中国的读者带来阅读上的困难,也显而易见地有欧洲中心主义的危险,但是,对于西方读者来讲,也不失为一种迅速了解中国作家的方法。不论是《天下月刊》还是《中国现代诗选》,面向的都是西方读者,目标是把中国现代文学介绍到西方,因此从文化交流的角度来讲是不无裨益的。不过值得批评的是,阿克顿的比附有时颇为牵强,往往只重一点而不及其余,容易给读者造成错误和片面的印象。北塔还批评他"没把此文当作学术论文,也没替普通读者有限的知识和理解考虑,一概没有标明出处,更没有加以疏解"。对于这一点,一方面是时代所限,当时对注解的要求还远不像现在这样严格;另一方面这两篇文章确实都不是学术论文,而是面向对中国有兴趣的、具有一定文化素养的西方读者而创作的,对于他们而言,读起来应该并不算困难。北塔的批评是从译者和研究者的角度审视阿克顿的文章作为研究资料和学术文章的缺点,可以说是对远在 20 世纪 30 年代的这次中西文化交流活动的一次回响,更是由其衍生的"再交流"和"再生产"。

《天下月刊》所发表的另一篇中国现代文学方面的专门论文是姚莘农的《鲁迅:他的生平和他的作品》,本书将在第六章第一节中进行研究。

第六章 《天下月刊》译介中国现代文学的重要案例

第一节 《天下月刊》对鲁迅的译介

鲁迅作为中国现代文学中最具代表性的人物,在《天下月刊》创刊之前,已经是中国现代文学中被介绍、翻译到海外最多的作家。不过,《天下月刊》对鲁迅的译介虽然没有首创之功,但仍然颇有值得考究的地方。

首先值得注意的是《天下月刊》在译介鲁迅时比较公允的观点与态度。在1936年鲁迅去世之前大约十年的时间里,国民党对鲁迅奉行高压政策。特别是鲁迅于1930年2月发起成立中国自由运动大同盟、3月发起成立中国左翼作家联盟并成为左联的旗帜人物以后,国民党便视鲁迅为"眼中钉"。国民党浙江省党部执行委员许绍棣更借此呈请国民党中央通缉"堕落文人"鲁迅,通缉令直到鲁迅逝世仍未撤销。鲁迅逝世以后,国民党出台了应对社会各界对这一重大事件反应的指导方针:"一、鲁迅在五四运动时,提倡白话、创作小说于文化界自有相当之贡献,此点自可予以赞扬;二、自转变为左翼作家后,其主张既欠正确,著作亦少贡献,对于此点,应表示惋惜。至盲从左翼分子之无谓捧场文章，利用死者大肆煽惑，尤应绝对禁止刊载。"① 解放战争结束，蒋介石政府逃出大陆、盘踞台湾时期，蒋介石集团对鲁迅一直采取全盘否定、一笔抹杀的态度。他们将鲁迅的作品不论小说、杂文、诗歌一律列为禁书，不许出版、不许流通，采取查、封、禁、堵的文化"围剿"政策。

然而，作为中山文教馆资助下的半官方刊物，《天下月刊》对鲁迅的译介却并未盲从其刊行时期国民党对待鲁迅的态度和政策。其中有诸多比较复杂的因素，可能的原因有以下几点。

其一，中山文教馆本身虽然是国民党的半官方机构，但是馆内人员复杂，其中许多人物不乏"左倾"色彩。韩侍桁在回忆文章中写道："一九三五年有一天，左恭对我说，你没有固定职业作保障，生活得不好，是否跟我到南京中山文化教育馆去工作，我同意了。中山文化教育馆原来是孙科指派王昆仑主办的，王昆仑就让陈彬和搞了一个班子，象沈兹九、胡风等都在里面。以后，有人对孙科说王昆仑靠不住，于是改由钟天心、左恭负责；钟只挂名义，左实际负责。"② 左恭和王昆仑都是中共地下党员，却担任了中山文教馆先后两任的实际负责人，并且还以此身份为掩护，团结保护其他同人并给他们提供帮助。因此，也就无怪乎《天下月刊》对鲁迅的译介并没有受到其支持机构中山文教馆的干涉。

其二，20世纪30年代，许多自由派知识分子反感国民党政府，同情共产党及左联。比如上海滩著名的出版家、典型的自由派知识分子、与《天下月刊》同人交往密切的邵洵美，就曾帮助出版毛泽东《论持久战》并亲自派发。《天下月刊》负责现代文学的编辑姚莘农也属此类。虽然他终生未曾加入任何党派，但他

---

① 王荆：《国民党"密令"和鲁迅研究》，《鲁迅研究月刊》1993年第1期。
② 韩侍桁：《我的经历与交往》，《新文学史料》1987年第3期。

同情左联的观点主张，与左联人物过从甚密，尤其与鲁迅交往密切，是鲁迅晚年颇为赏识的年轻人。姚莘农因为协助斯诺翻译鲁迅的小说而于1932年结识鲁迅，此后直到鲁迅逝世，一直与鲁迅保持较为密切的交往，不到四年的时间里，与鲁迅的书信往来有33封之多。鲁迅去世后，姚莘农参加了"鲁迅纪念委员会"的工作，担任葬礼的司仪，也是鲁迅的十二位抬棺人之一。在鲁迅的对外译介中，姚莘农起到了比较重要的作用。鲁迅逝世后，他在《天下月刊》发表长文《鲁迅：他的生平和他的作品》（*Lu Hsun: His Life and Works*）。此外，他还在《新中国评论》发表文章"Lu Hsun: As I Know Him"（《我所知道的鲁迅》）。在此之前，姚莘农还曾协助埃德加·斯诺翻译鲁迅的作品，收入《活的中国》一书中，并为该书的宣传撰写了一份鲁迅英文小传，刊登在美国《亚洲杂志》1935年1月号上。

其三，前述《天下月刊》坚持不牵扯于党派纷争的公平原则。除了鲁迅作品，《天下月刊》还译介了一些其他左翼作家的作品，如萧红的《手》、姚雪垠的《差半车麦秸》等。此外，它所刊载的鲁迅作品《怀旧》的译者冯余声、《乡城》的译者失名（杨刚）都是左联成员。在当时的思想政治环境下，《天下月刊》对以鲁迅为代表的左翼作家作品的译介，是颇为难能可贵的，也是其公平原则最好的证明。

《天下月刊》鲁迅译介的另一个值得关注之处在于其篇目的选择。

在发表鲁迅作品面临很大压力的现实情况下，选译怎样的鲁迅作品，非常考验《天下月刊》同人的智慧。仔细分析《天下月刊》对鲁迅的译介情况，并不是完全没有受到影响和限制。《天下月刊》一共翻译了鲁迅的三篇小说，《怀旧》《伤逝》和《孤独者》。较之鲁迅在《狂人日记》《阿Q正传》等作品中所表现出的激烈的国民性批判,从内容来看,这几篇在鲁迅的小说中,都属于相对温和的作品,并不是"战斗性"最强的那一类,也不属于国民党认为"欠正确"的"主张"之内。从时间上看,这三篇作品发表时间均在左联成立以前,也不在前述禁令禁绝之列。除了需要应对国内的政治压力,从刊物的自身定位出发,《天下月刊》还肩负着向世界宣传这位中国最杰出的作家的使命。因此,它所选译的鲁迅作品,还必须考虑西方读者的可接受程度。鲁迅的许多作品,针对中国的实际情况和国民性进行入骨的批判,但对不了解中国的西方读者而言,就会比较隔膜和陌生。综合考虑各方面的因素,《天下月刊》最终选译的三篇作品,一方面适度躲避了国民党的禁令,另一方面又不失代表性。《怀旧》是鲁迅发表的第一篇小说,可以说是鲁迅探索国民灵魂的最初尝试。而《伤逝》和《孤独者》,都是描写革命陷入低潮后,革命者们的生活和境遇。两篇小说的主题虽然未直指国民性批判,却仍在字里行间见得犀利,如《伤逝》里涓生和子君所面对的冷眼,《孤独者》里房东家孩子们的忘恩负义等。而鲁迅所塑造的革命失败后沉浸在孤独、彷徨的局面中的"零余者"形象,在西方文学作品中,特别是表现革命低潮的文学作品中也常常出现,也就更容易为西方读者所理解和接受。

在《天下月刊》所译介的三篇鲁迅作品中,冯余声所译的《怀旧》(1938 年第 6 卷第 2 期)是很值得关注的一篇。如前所述,鲁迅是作品最早被译介到西方的中国现代作家,但在此之前对鲁迅小说的译介,因为聚焦在他白话文学旗手的身份上,只注意和翻译了他的白话小说。而《怀旧》的特殊性在于,它是鲁迅创作的第一篇小说,也是唯一的一篇文言小说,对于让西方世界了解一个更为完整的鲁迅、了解"鲁迅从哪里来",非常具有价值,冯余声和《天下月刊》则完成了这一使命。

《怀旧》作于1911年，发表于1913年上海《小说月报》第4卷第1号，署名为周逴。译者冯余声，又名冯余生，是左联成员。冯余声此前已经翻译了鲁迅的《野草》，并请鲁迅为这一英译本作序。《鲁迅日记》1931年11月6日写道："与冯余声信并英文译本《野草》小序一篇。"据此可以判断，冯余声翻译《野草》，完成时间大致是在1931年年底。冯余声译好的《野草》原本已经交给商务印书馆准备付梓，却惜毁于次年的"一·二八"淞沪战火，未能面世便被付之一炬。如今关于这一英译本，我们所见的材料只剩下《二心集》中所收录的鲁迅所作的那篇"小序"。鲁迅在小序里称冯余声为冯 Y. S. 先生，自述不懂英文，只能"自己说说"，所以这篇简短的"小序"只是写了一些与《野草》中的作品创作背景相关的内容，只字未提英译本的情况，我们也无从判断冯余声的英文水平和译文质量。《天下月刊》所刊录的这篇《怀旧》，遂成为冯余声所译鲁迅作品的孤本。

冯余声所译的《怀旧》发表于《天下月刊》第6卷第2期（1938年2月），英文篇名作"Looking Back to the Past"。总体来看，冯余声所译的这篇《怀旧》，因为是将文言文译为英文，难度很大，所以对原文的改写较多，在分段、文字上都与原作区别很大。

文言文言简意赅，翻译成英文词数要多出许多。因此，在分段上，冯余声做的改变很大，大多数段落被一分为几，仅开头"吾家门外有青桐一株，高可三十尺，每岁实如繁星，儿童掷石落桐子，往往飞入书窗中，时或正击吾案，一石入，吾师秃先生辄走出斥之。桐叶径大盈尺，受夏日微瘁，得夜气而苏，如人舒其掌。家之阍人王叟，时汲水沃地去暑热，或掇破几椅，持烟筒，与李媪谈故事，每月落参横，仅见烟斗中一星火，而谈犹弗止"[1]

---

[1] 鲁迅：《怀旧》，《鲁迅全集》第8卷，人民文学出版社1973年版，第213页。

这个仅一百多字的段落就被分为了四段。这样的拆分，带来的好处是译文明白晓畅，增加了可读性，但是也带来了意群的破坏。比如冯译本的第一段，仅译到"每岁实如繁星"，于是就变成了仅仅以静物描写开头。而在原文中，第一段并不是静物描写，而是以"儿童掷石落桐子"一事引出秃先生的出场，这里分段的变化完全改变了开头的叙事方式。并且，由于分段的细碎，原文开头三段"我"跟随秃先生读书的日常生活这一部分被分成了十五个自然段，使后面的主要情节"金耀宗出场，秃先生出谋划策"被大大地拖延了，小说的叙述重点发生了偏移，译文的讽刺性较原文削弱了，而多出了类似于《从百草园到三味书屋》的抒情情调。

整体来看，冯余声的译文平实、流畅，原文内容得到了比较忠实的再现，不过翻译中也出现了几处明显的"硬伤"。例如：

秃先生亦云以不孝有三，无后为大，故尝投三十一金，购如夫人一，则优礼之故，自因耀宗纯孝。

译文为：

Because of that, Yiu Chung had given Mr. Baldhead the sum of thirty-one dollars as a present, and with this Mr. Baldhead had also bought a concubine for himself. So his courtesy to Yiu Chung was due to the latter's friendly gift.

这一句的翻译中，译者把"投三十一金"的主语误解为金耀宗，也就弄错了因果关系。原文的意思是因为秃先生自己也买妾，所以为金耀宗辩护，而译文则变成了因为秃先生为金耀宗辩护，所以用得到的谢钱买了妾。秃先生是鲁迅在《怀旧》中着力刻画的一个表面道貌岸然，实则油滑世故、不辨是非的昏聩、传统的知识分子形象，这一段落，正透露出他以圣贤言论做幌子，言行不一的虚伪，这里的误译，把这种讽刺的意味削弱了。

而另一处错误则更令人感到可惜，原文中"耀宗似解非解，大感佩而去。人谓遍搜芜市，当以我秃先生为第一智者，语良不诬。先生能处任何时世，而使己身无几微之痏，故虽自盘古开辟天地后，代有战争杀伐治乱兴衰，而仰圣先生一家，独不殉难而亡，亦未从贼而死，绵绵至今，犹巍然拥皋比为予顽弟子讲七十而从心所欲不逾矩。若由今日天演家言之，或曰由宗祖之遗传；顾自我言之，则非从读书得来，必不有是。非然，则我与王翁李媪，岂独不受遗传，而思虑之密，不如此也"① 一段，是在秃先生为耀宗支招，对长毛"固不可撄，然亦不可太与亲近"之后的辛辣嘲讽，以"从心所欲不逾矩"讽刺秃先生独善其身的处事策略。但在冯余声的译本中，"犹巍然拥皋比"之后的段落全部缺失，似乎是漏译，少了这段煌煌高论，对秃先生的形象塑造而言不能不说是一种遗憾。

对于《怀旧》的时代背景，以及"长毛"所指究竟是不是革命军，学界有所争议。② 但可以确定的是，从《怀旧》可以看出，从小说创作伊始，鲁迅就把文学看作改良社会、人生和斗争的武器。董炳月在其论文中就曾指出，《怀旧》与《狂人日记》有着一脉相承的"儿童"与"进化"的主题，并在《我们现在怎样做父亲》中融合为"幼者本位进化观"③。总体来看，无论是从思想内容的入木三分上，还是语言风格的鞭辟入里上，《怀旧》虽然

---

① 鲁迅：《怀旧》，《鲁迅全集》第 8 卷，人民文学出版社 1973 年版，第 217 页。
② 参见伍斌《〈怀旧〉——探索"国民的灵魂"的最初尝试——兼与部分研究者商榷》，《鲁迅研究月刊》1994 年第 12 期。
③ 董炳月：《幼者本位：从伦理到美学——鲁迅思想与文学再认识》，《齐鲁学刊》2019 年第 2 期。

是文言小说，但都鲜明地体现了鲁迅小说的创作特色，无愧于是鲁迅小说的奠基之作。

《孤独者》和《伤逝》的译文分别发表于《天下月刊》第10卷第5期（1940年5月）和第11卷第1期（1940年8—9月合刊），英文篇名分别作"A Hermit at Large"和"Remorse"，译者均为王际真。

王际真（1899—2001），字稚臣，山东桓台县人，一生主要在美国学习、生活和工作，长期任教于哥伦比亚大学，是中国文学翻译的先驱，也是鲁迅作品最早、最重要的英译者之一。他本人非常崇拜鲁迅，夏志清说他"视鲁迅为英雄，拥护新文学"[①]。从1935年起的近10年间，王际真总共翻译了13篇鲁迅小说，它们是：《阿Q正传》《在酒楼上》《离婚》《头发的故事》《狂人日记》《故乡》《肥皂》《祝福》《伤逝》《孤独者》《风波》《端午节》《示众》。除《伤逝》和《孤独者》发表于《天下月刊》外，其余均发表在美国纽约的《远东杂志》上。1941年，王际真将他所译的除了《端午节》和《示众》以外的11篇鲁迅小说结集为《阿Q及其他——鲁迅小说选》，交由美国哥伦比亚大学出版社出版。此外，1939年，王际真在资料匮乏的情况下编写了"Lusin: A Chronological Record"（《鲁迅年谱》），发表在纽约"中国学社"（China Institute）的通讯（Bulletin）上，这是最早出现在英语世界里的鲁迅年谱。

在《阿Q及其他——鲁迅小说选》的"导言"里，王际真曾谈到他翻译鲁迅小说的目的："真正理解一个国家的最好方法，无疑是通过她的文学，通过那民族遗产中最丰富、最使人开窍、最难以磨灭的文学。在鲁迅的这几篇小说中，读者将通过中国现

[①] ［美］夏志清：《王际真和乔志高的中国文学翻译》，董诗顶译，《现代中文学刊》2011年第1期。

代最伟大的一位文学家的敏锐和透彻的目光瞥见中国。"① 在为《鲁迅年谱》所写的导言里，王际真这样评价鲁迅：

> 鲁迅是中国现代文学最重要的代表人物，他常常被人称为中国的高尔基，或是中国的伏尔泰，或是中国的斯威夫特，这样的称呼当然不无道理。和高尔基一样，鲁迅的一生都处于革命的洪流当中；和伏尔泰一样，鲁迅的作品充满了隽永的幽默和辛辣的讽刺；和斯威夫特一样，鲁迅痛心于人类的堕落愚昧，并对其进行猛烈的抨击。但如果仔细考察，不难发现这类比较流于表面，很容易误导读者，更不用说其中显而易见的欧洲中心主义。鲁迅不同于高尔基——他来自不同的背景，采用的是不同的技法，面对的是不同的读者。他不同于伏尔泰——他的讽刺和幽默不仅针对别人，也针对自己。而伏尔泰以攻击别人为乐。他也不同于斯威夫特——他从来没有政治野心，也不自我怜悯，更不会以统治阶级自居。如果出身于无产阶级家庭，鲁迅或许会更像高尔基；如果中国像法国和英国一样独立自由，鲁迅或许会像伏尔泰那样漫不经心或是像斯威夫特那样自私。但中国的国情使得鲁迅幸免于伏尔泰的轻浮和斯威夫特的自私。对中国的屈辱和中国人的痛苦，鲁迅始终保持清醒的认识，就这一点来讲他更像高尔基——如果我们一定要做比较的话。而就他的社会背景和批判风格来看，他更接近与伏尔泰和斯威夫特。②

---

① [美] 王际真：《英译本〈鲁迅小说选〉导言》，陈圣生译，载中国社会科学院文学研究所国外中国学（文学）研究组编《国外中国文学研究论丛》，中国文联出版公司1985年版，第138页。

② Chi-Chen Wang, "Lusin: A Chronological Record", *China Institute Bulletin*, Vol. 3, No. 1, January 1939, p. 115. 译文参考了顾钧《王际真的鲁迅译介》，《新文学史料》2012年第3期。

第六章 《天下月刊》译介中国现代文学的重要案例

在把其他文化的作家,介绍到一种文化体系时,平行类比是最常用的做法。王际真的这一段评价非常精到地论述了鲁迅与苏、英、法的代表作家高尔基、斯威夫特、伏尔泰的相似与不同。通过联系和对比,王际真廓出了鲁迅的主要特点:无产阶级立场、革命家身份、对人性的批判和幽默辛辣的语言风格。除了评价的准确到位、语言的精美,在这段文字中尤其值得注意的是他对欧洲中心主义的警惕。尽管使用了上述对比,但王际真自觉地意识到了其中的欧洲中心主义意味,并审慎地提醒读者,鲁迅是中国的,他和他的作品根植于中国的土地人民,这使他不同于任何一个欧洲作家。这是我们在《天下月刊》同人那里已经反复熟悉的世界视野与民族立场的结合。王际真虽然在《天下月刊》发表了这两篇译作,但并不属于与《天下月刊》同人来往密切的供稿人。他们在中国文学对外传播的立场殊途同归,可见《天下月刊》所秉持的文化交流观念在20世纪30年代的知识分子当中,特别是留学生当中,具有一定的代表性。

《孤独者》是鲁迅小说中非常重要的作品,反映出了革命低潮时期鲁迅彷徨探索的心境,欲求出路而到处找不到路,甚至无路可走的苦闷状态。而王际真选译《孤独者》是因为他认为,鲁迅的"义愤品性和叛逆精神"与西方世界在精神层面存在一致性,这种一致性使鲁迅小说成为西方读者了解中国的传统与现代性的一扇窗口:"西方的现实主义和心理分析的小说使他认识到小说可以作为社会批评和社会改造的一种工具。关键的一点在于,通过与西方人气质的对比,他可以看到中国人性格中的弱点,并对此作了十分必要的批评。现代精神首先在像他那样的中国人的心灵中成熟,并通过他以及与他一类的人而成为中华民族的基本精神。"[①]

---

① [美]王际真:《英译本〈鲁迅小说选〉导言》,陈圣生译,载中国社会科学院文学研究所国外中国学(文学)研究组编《国外中国文学研究论丛》,中国文联出版公司1985年版,第139页。

王际真的现代文学翻译实践，是20世纪五六十年代夏志清等当代华人学者全面开展中国现代文学研究，并将其发展成为东亚系一门独立学科的先声。1941年，王际真出版了 Contemporary Chinese Stories（《当代中国小说选》），收入了鲁迅的《端午节》和《示众》，此外还收录了张天翼、巴金、老舍、凌叔华、沈从文、叶绍钧的作品。夏志清称王际真为中国现代小说翻译的先驱者，并将自己1971年翻译的《20世纪中国短篇小说选集》题献给王际真。事实上，正是由于王际真的推荐，夏志清才得以从1961年开始在哥伦比亚大学任教，成为海外中国现代文学研究的重要学者。

除了翻译，《天下月刊》还以论文的形式介绍鲁迅。

《天下月刊》发表的有关中国现代文学的两篇论文一篇是前述哈罗德·阿克顿的《中国现代文学的创造精神》，另一篇是姚莘农所写的"Lu Hsun: His Life and Works"（《鲁迅：他的生平和他的作品》）。第二篇专论鲁迅，而第一篇也用了相当大的篇幅来介绍和评论鲁迅。

如前所述，哈罗德·阿克顿的这篇文章是针对保守的老牌汉学家如小威廉·赫兹利特（William Hazlitt, 1811—1893）等所谓"现代文学充满烟尘与喧嚣，不朽之作气息纯洁、宁静，两者之间绝无共同之处"、中国现代文学"缺乏真正的创造精神"等言论有感而发的。显然，阿克顿是在为中国现代文学据理力争，在这篇概论性的文章中，提到的作家共有17位，大多数都是一笔带过，而对于鲁迅这一中国现代文学中的标志性人物，阿克顿则毫不吝惜地给出了与其地位相称的笔墨。

与王际真类似，在针对鲁迅的论述中，阿克顿也采用了平行类比的方法。他先后用戈雅、特尼尔斯、吉辛、契诃夫来譬喻，让对中国现代文学一无所知的西方读者熟悉鲁迅。但是，阿克顿

第六章 《天下月刊》译介中国现代文学的重要案例

对鲁迅的了解毕竟有限,他的这一系列比拟总体还是比较粗糙,许多地方"似像非像"更容易造成误解而非理解。但也不乏精彩之处,比如,阿克顿关于吉辛和鲁迅的这句评价就非常精彩:"鲁迅常常使人想起吉辛那句辛辣而犀利的话:我们所谓生活,只是苦难面前可以笑几声而已。"① 这句话不正是鲁迅所说"含泪的微笑"的翻版么?

阿克顿还特别强调了"技艺"在造就鲁迅之所以为鲁迅方面的贡献:

> 即便是鲁迅的敌人,也都赞赏他的技艺。在某些方面,他的这种技艺可以和契诃夫相比,但这种相似更多只是表面的,而不是事实上的。他的小说本质上是地地道道的中国风。他作品中最精微的效果,他的微型画像,比如穷困潦倒的"孔先生"中那灵巧熟练、令人颤栗的色调,他用以唤起一个民族的精神个性的笔触等,都是通过其温和平淡而不是声嘶力竭的书写而得以实现的,而这一切却任凭译者怎样努力,也都难以在翻译中得到再现。②

阿克顿最后再次使用了平行对比的方法:"鲁迅的作品是否能吸引大批欧洲读者,姑且存疑,但可以肯定的是,它们一定能够吸引那些喜爱契诃夫、T. F. 波伊斯和凯瑟琳·曼斯菲尔德的人。"

显然,比起王际真,本身就是欧洲人的阿克顿少了对欧洲中心主义的警惕,于是更加放开手脚,热情地把鲁迅跟欧洲作家进

---

① Harold Acton, "The Creative Spirit in Modern Chinese Literature", *T'ien Hsia Monthly*, Vol. 1, No. 3, November 1935, p. 379.

② Harold Acton, "The Creative Spirit in Modern Chinese Literature", *T'ien Hsia Monthly*, Vol. 1, No. 4, November 1935, p. 380.

行对比和关联,强调他们的相似性,而有意无意地忽略他们的不同,有些比附甚至相当粗疏牵强,这或许恰恰在王际真所谓"误导读者"之列。

比之阿克顿的文章,姚莘农的论文《鲁迅:他的生平和他的作品》除介绍鲁迅的文学成就以外,更注重强调鲁迅的思想性。姚莘农的文章,一是为了纪念这位伟人的贡献,二是为了在鲁迅逝世之际,通过《天下月刊》这一面向西方读者的刊物媒介,将这位中国现代文学史、思想史上举足轻重的人物,介绍到西方,扩大鲁迅在世界文学之林的影响力。因此,姚莘农既表达了沉痛的悼念之情,又热情地褒扬了鲁迅在文学与思想两大领域的成就,突出了鲁迅在中国学界、思想界的地位和对整个社会的巨大影响力。

姚莘农首先简要介绍了鲁迅的生平,接着他分别对鲁迅的小说和短评(即鲁迅自己所谓的"杂感")两个重要的文体进行了分析。但姚莘农的分析,并不止于文学评论,而是侧重于对鲁迅作品的重要性和影响力的分析和评价。姚莘农在文章中将鲁迅的创作大致划分为两个时期——前期的纯文学、纯学术的写作和后期的短评写作,并给出了这样划分的理由:

> 这样的划分,理由不难明白。文学革命时期,他在教育部有着稳定的职位,同时还兼任几所政府所办大学的教授。他享受着清闲,又能轻易借得优秀图书。接着,文学革命导致文言衰亡白话兴起,这也给了他创作的冲动。然而,1925年之后,情形发生了变化,他被卷入了政治旋涡中,他不得不四处逃亡以保全脑袋。他要接受反对他的作家们的挑战,还要尽量满足一批批年轻的追随者和崇拜者的期望和请求,做他们的导师。在这样的情形下,他难以创作小说或撰写学

术著作，因为这些都需要闲暇和心境的安宁。他被迫写作短评，以此作为革命斗争的武器。①

姚莘农做出这一论断的时间是20世纪30年代，自鲁迅逝世距今已经80余年，相当多的研究者证明，姚莘农对鲁迅创作生涯的划分是经得住考验的。

随后，姚莘农对鲁迅在文学领域的贡献做了评价。他称鲁迅是"今日中国最伟大、最重要的一位作家"，他在小说领域的重要性"在于对当代中国小说发展所起的无与伦比的作用"。姚莘农从"白话文学""传统与外来影响""作品的人民性"这三个方面概括了鲁迅对中国现代文学的贡献：

> 鲁迅对中国新文学做出了三项非常宝贵的贡献。第一，他奠定了一种用白话写短篇小说的范例，为当时正在摸索中的中国青年作家创造了一种新形式、新风格、新技巧。正如现在中国第一流的作家茅盾所指出的那样，（鲁迅的）二十六篇小说，每篇都使人惊叹，深受启发和鼓舞。第二，鲁迅证明了白话文作为文学手段的可能性及灵活性。他的小说既表现出中国传统的渊源，也受到了外国的影响。他非常巧妙地把两者融合起来，形成一种新的富有生命力的独创。第三，他是发现了中国新文学的"新大陆"的克利斯多弗·哥伦布。鲁迅是现代中国第一位人民作家。他小说中的主要人物基本上都是农民及普通人民。从前，文人对他们不感兴趣，认为他们不宜做文学艺术的对象。正是由于《阿Q正传》《孔乙己》《故乡》等作品，使作家们以后都从农民、工人、普通人的生活中去汲取小说的主题了。

---

① Yao Hsin-nung, "Lu Hsun: His Life and Works", *T'ien Hsia Monthly*, Vol. 3, No. 3, October 1936, p. 353.

姚莘农所论及的前两点，实际上是从创作实践和理论创新两个不同的方面，突出鲁迅在白话文革命中的作用，点明鲁迅小说在中国现代白话小说中的地位与影响。西方汉学界对中国文学的研究重点一直以来在于中国古代文学，而对中国现代文学甚少关注。到了20世纪30年代，美国汉学界虽然开始关注当代中国问题，但重点在于政治、经济、外交等实用策略而不是文学。对于西方的普通读者而言，对中国新文学的产生更是一无所知。因此西方知识分子在来华以后，很容易就惊异于白话文学已经在中国大陆如此蓬勃的生长。所以，不论是西方还是中国的知识分子，在研究、介绍中国现代文学时，都十分重视语言革命，也即白话文革命，因为对西方来说，这几乎是个全新的课题。斯诺在《鲁迅评传》一文中即将白话文学运动视为"活的中国思想批判的开端"；1936年妮姆·威尔斯在其发表的《现代中国文学运动》一文中，把新文化运动称为"中国的文艺复兴"，并着重阐释了其中白话文运动的重要性。姚莘农突出鲁迅小说对"白话文学"的奠基之功与首创之能，既说明了鲁迅在中国现代文学中的地位，也使鲁迅与白话文学作为一个整体被西方学界认识，二者可以起到互相借重的作用。

姚莘农在这篇介绍鲁迅的文章中，除了概述鲁迅在白话文运动中无可争议的地位与贡献，还强调了鲁迅"作为思想家，作为战士"在中国现代思想界、知识界的领袖地位及其思想发展、成熟的历程：

> 从达尔文主义到马克思主义，从争取进步的个性解放到寻求革命集体主义的世界改革，鲁迅经历了许多历程，作了许多斗争。他使用的武器就是他那些短评。经过长年的战斗磨练，他的短评在技巧上、形式上都更臻于完美。它们像一

把优质的钢制成的匕首，短而精，尖锐而有力，令人生畏。他用这把匕首杀出一条路，领导他的支持者、拥护者进行战斗。他的那些短评集不但是用于战斗和领导的剑，也是他的大量战斗和思想变化的记录。它们的重要性怎样强调都不为过，因为鲁迅是当代中国知识界最有影响的领导者。

面对对白话新文学知之甚少、对鲁迅也很有可能一无所知的西方读者，在这一部分，姚莘农选择的论述方式是概述式的，他直接给出介绍性的结论，而不是抽丝剥茧地进行分析。但是，姚莘农的文字是饱含激情的，很容易就可以看出作者在文字背后隐藏的沉痛、悲伤与力量。他称鲁迅为"叛逆者、斗士及领袖"，采用这种标签式的方式，虽然对于研究者而言看起来有简单粗暴之嫌，但对于不具备知识背景的读者而言，反而能以最为简单和直观的方式对中国现代文学史上最重要的作家有一个基本的认识与把握——他们至少可以得出新文学元老、思想战士、巨大的社会影响力这几个印象。并且，姚莘农还从历时的维度上，以作为知识分子的鲁迅的成长经历为主线，勾画出了从清末民初的丧权辱国，到辛亥革命、国民政府成立，再到20世纪30年代对左翼以及鲁迅个人的打压这一系列政局演变之下，一位杰出的中国知识分子的思想转变历程。事实上，这也部分代表了中国思想界的转型之路。

总之，姚莘农这篇纪念鲁迅的文章，不仅沉痛悼念了鲁迅先生，还以鲁迅为一个重要窗口，向西方世界介绍中国现代思想、中国现代文学，使西方读者能够便捷地了解中国现代文学的发生与发展概况。这篇文章还为我们提供了一份珍贵的史料——他转述了鲁迅晚年多次跟他透露的未竟的愿望："希望能有几年不受干扰，从一个新的阐释的角度，撰写一部中国文学史；要编一部汉唐石刻拓片全集；而最重要的是，他要写一部大的回忆录，将现代中国历史上最动荡时期的事件记录下来。"他将自己的回忆录当作"给未来中国的孩子们的一部宝书，因为他们不可能亲眼看到旧中国的模样"。当然，非常可惜的是，不论是孩子们还是我们，都永远也无法看到这三部书了。

这篇《鲁迅：他的生平和他的作品》写于鲁迅逝世后的一个月，姚莘农凭借他对鲁迅的熟稔和与鲁迅的交往，以及对中国白话文学的了解，为英语世界的广大读者描摹了一幅这位伟大的中国文学家的生动画像。他对鲁迅及其作品的分析、评价和总结，颇有自己的见解；他所提供的在与鲁迅交往过程中获得的第一手信息，更是珍贵的文学史资料。

除所翻译的鲁迅作品和两篇论文之外，《天下月刊》涉及鲁迅的文字，还有任玲逊为埃德加·斯诺《活的中国》写的一篇书评。

任玲逊（1907—1991），毕业于教会学校和燕京大学，后赴美国留学，回国后，曾任《北平英文时事日报》（*Peiping Chronicle*）编辑。因为突出的新闻专业能力和英文写作能力，他受萧同兹器重，进入国民党中央社工作，筹建中央社英文部。第二次世界大战期间，他赴欧洲战场任战地记者，还先后担任过中央社华盛顿办事处主任、巴黎办事处主任等职。埃德加·斯诺的《活的中国》分上、下两部分，一部分全是鲁迅的小说，另一部分则是其他作家的作品。任玲逊也将书评一半的部分用于介绍鲁迅及其作品，除简述几篇作品的内容以外，他也写下了对鲁迅的评价：

> 鲁迅的作品属于伟大的文学，这一点没有评论家会提出疑议。他的作品并非永远那么令人愉悦，但他的文学技艺却无人能够超越。因此，斯诺先生将他编译的这部选集的一大部分留给了鲁迅的作品，这是值得赞赏的。这里要附带说一

句，鲁迅的作品除了在中国、日本和俄罗斯以外，至今还乏人问津。

遗憾的是，鲁迅竟然常常被指为只是一名讽刺家，就像伏尔泰在他那个时代受到类似的批评一样。但从文学欣赏的角度看，撇开鲁迅的左倾思想不谈，他的讽刺是"盐与汞"的一种平衡的混合物，由这混合的配方，鲁迅调制出了上等的良药，而不是邪恶的毒药。借用弗朗西斯·杰弗里勋爵的话，鲁迅的讽刺，"像一柄剑，而不是一把锯子，它刺杀，却不是乱砍。"①

作为国民党的一位新闻官员，任玲逊的评价小心地避开了鲁迅的左倾思想问题，强调了他高超的文学技巧，同时表达了对这位伟大的文学家还未能为更多国家的读者所认识的遗憾之情。

第二节 《天下月刊》对曹禺《雷雨》的译介

1936年10月起，《天下月刊》连载《雷雨》的英文译本，这是曹禺这一重要剧作最早的英译版本。同年，美国著名戏剧家亚历山大·迪安访问田汉，曹禺做翻译。在此期间，曹禺将姚莘农翻译的《雷雨》赠送给迪安，迪安认真阅读并做了一些压缩。此后，在1958年王佐良、巴恩斯翻译的《雷雨》在北京外文出版社出版之前，姚莘农的这一译本一直是《雷雨》唯一的英文译本。作为中国现代戏剧史上具有里程碑意义的重要作品，《雷雨》的这一英译版本值得我们关注。在关注这一译本的过程中，我们试图厘清以下几个问题：《雷雨》的翻译与《天下月刊》有着怎

---

① Richard L. Jen, "Book Review: Living China", T'ien Hsia Monthly, Vol. 3, No. 5, December 1936, p. 546.

样的联系？姚译本《雷雨》体现了译者和刊物怎样的文化立场？译者在翻译中采用了怎样的翻译策略？

《雷雨》的译介，如译者姚莘农所言，是为了弥补《天下月刊》现代文学译介中在戏剧方面的不足："有一天早晨我和《天下月刊》的主编温源宁先生谈起了沟通中西文化的问题，我主张在《天下月刊》翻译栏中多介绍一些中国当代的文艺作品。这个意见他很赞成，并且说小说方面已有人着手翻译，但戏剧方面却还没注意到。接着他问'你为什么不找一个好剧本译成英文呢？''好，那么让我来翻译《雷雨》吧！'我脱口而出地说。"[1] 英译《雷雨》的诞生也是《天下月刊》在现代文学译介中最为重要的成果之一。

从1936年10月到1937年2月，《天下月刊》连续5期刊载姚莘农所译的《雷雨》，是《天下月刊》最长篇幅的连载。除了篇幅，《天下月刊》对《雷雨》的介绍和推荐也是"超规格"的：在1936年10月、1937年1月、1937年2月的"编者按"中，先后三次对其进行推荐，其中，1936年10月的"编者按"更是由译者兼编辑姚莘农代替通常负责撰写的执行主编温源宁执笔，专门介绍《雷雨》，这是《天下月刊》近7年历程中独一无二的"破格"待遇。

在推介《雷雨》的过程中，《天下月刊》给予了《雷雨》非常高的地位，认为它具有划时代的意义，是新文化运动在戏剧领域所取得的成熟果实，是可以代表中国现代戏剧乃至中国现代文学走向世界的"台柱子"。

1936年10月的"编者按"中，姚莘农写道："目前为止，现代话剧运动一直局限于小部分的学生精英中……三教九流的戏迷

---

[1] 参见姚克《我为什么译〈雷雨〉》，《中流》1937年第2期。

很少去剧院看话剧……话剧艺术家的热情因为中国观众不欣赏他们的演出而受挫。但是《雷雨》的上演完全打破了这种局面。""这是第一部从剧本到票房都大获成功的现代话剧……各行各业各种年龄段的人都前来看这出新式话剧。"他同时强调,"《雷雨》的杰出之处,不仅仅在于它受欢迎的程度,更在于它在舞台艺术和文学成就上的成功"。综合上述论述,他得出了《雷雨》在中国现代戏剧史上具有划时代地位的结论,他写道:"《雷雨》是中国的'文艺复兴运动'结出的第一批成熟果实,在中国现代戏剧的舞台上,它仿佛平地惊雷般令人惊异、仿佛划过苍穹的彗星般照亮夜空。这是自第一次世界大战后开始的中国现代话剧运动中最成功、最受欢迎的一部剧作。"[①]

西方文学造诣深厚的温源宁则从戏剧艺术的角度来盛赞《雷雨》,他试图通过将《雷雨》放置进源起古希腊的戏剧艺术脉络,从而引起西方读者的兴趣和关注:"作者在写作时一定深受古希腊悲剧尤其是《俄狄浦斯》的影响,乱伦的主题即是明证。更进一步来说,其悲剧理念也是来源于古希腊。""在戏剧艺术上《雷雨》也是古希腊悲剧的最好范本。遵守时间、地点、行动的三一律,是当今世界范围内最好的戏剧。即使亚里士多德再世也会惊叹该剧是对他《诗学》中悲剧定义的完美演绎。"他也同样认为,《雷雨》在中国现代戏剧中具有超出同辈的地位:"这显然是中国最好的现代戏剧,与它相比,其他的剧目都显得微不足道了。"乃至不无骄傲地宣称,"甚至可以说当代西方戏剧也甚少有能在悲剧性上与其相媲美的"[②]。

将《雷雨》视作中国现代戏剧中高于同时代其他剧作、具有

[①] Yao Hsin-nong, "Editorial Commentary", *T'ien Hsia Monthly*, Vol. 3, No. 3, October 1936, p. 211.

[②] Wen Yuan-ning, "Editorial Commentary", *T'ien Hsia Monthly*, Vol. 4, No. 4, April 1937, p. 7.

里程碑意义的作品，《天下月刊》的这一提法具有相当超前的眼光。《雷雨》最初于1934年7月在《文学季刊》上发表，起初反响并不热烈，1935年始由留日学生戏剧团体在东京演出《雷雨》并引起日本本土人士的瞩目。①次年秋天，《雷雨》开始在国内公演，天津市立师范学院孤松剧团首演，而后中国旅行剧团先后在天津、北京、上海、南京等地演出，真正引起轰动。当时的评论界对《雷雨》的评价褒贬不一，但即便是持肯定意见的评论者也并没有认为《雷雨》具有特别超出同时代作品的意义，如郭沫若认为"《雷雨》的确是一篇难得的优秀力作"②，刘西渭认为，"它是一出动人的戏，一部具有伟大性质的长剧"③。在时人撰写的戏剧年度总结中，《雷雨》的位置也并不突出。林寒流的《1935年之中国剧坛鸟瞰》④中，并未提及《雷雨》的演出，张庚在《1936年的戏剧》中介绍《日出》时提到《雷雨》也只是说"（曹禺）曾经以深入生活里层的《雷雨》获得了多数的观众"⑤。现在普遍被认可的《雷雨》是中国现代戏剧成熟的标志这一文学史定位，正式出现可能要到20世纪80年代，比《天下月刊》晚了40余年。⑥

《天下月刊》能够夺人先声地指出《雷雨》在中国现代戏剧史

---

① 参见［日］饭塚容《〈雷雨〉在日本》，《戏剧艺术》2014年第1期。
② 郭沫若：《关于曹禺的〈雷雨〉》，载田本相、胡叔和编《曹禺研究资料》，中国戏剧出版社1991年版，第503页。
③ 刘西渭：《〈雷雨〉——曹禺先生作》，载田本相、胡叔和编《曹禺研究资料》，中国戏剧出版社1991年版，第510页。
④ 林寒流：《1935年之中国剧坛鸟瞰》，《绸缪月刊》1936年第5期。
⑤ 张庚：《1936年的戏剧——活时代的活记录》，《张庚文录》（第1卷），湖南文艺出版社2003年版，第382页。
⑥ 田本相在1981年的《雷雨论》中写道，"我们认为：《雷雨》是标志着中国话剧走向成熟阶段而飞出的第一只燕子"，这可能是最早的关于《雷雨》是中国现代戏剧成熟的标志的提法。笔者曾为此向田本相先生本人求证，并得到认可。参见田本相《曹禺剧作论》，广西师范大学出版社2010年版，第56页。

第六章 《天下月刊》译介中国现代文学的重要案例

上举足轻重的、划时代的地位,与《天下月刊》的文化立场有关。关于《天下月刊》的文化立场,前文有详细论述,此处不赘。

总之,在译介中国现代文学作品时,《天下月刊》非常注重"现代性""民族特色"与"世界视野"的结合。《天下月刊》给予《雷雨》极高的定位并予以大力推介,正是他们力图向西方塑造一个既有着辉煌的古代文化,也正在栉风沐雨地建设自己现代文化的中国形象的大力实践,《雷雨》即是他们向英语世界隆重推出的中国现代文学的代表性作品之一。也正因如此,《天下月刊》对《雷雨》所遭受的模仿西方戏剧的质疑表现出了耐人寻味的态度。《雷雨》自从发表,认为其模仿西方戏剧,尤其是模仿易卜生的质疑就不绝于耳。对此,曹禺在为上海文化生活出版社1936年版的《雷雨》所写的序言中做出了回应。他说:"尽管我用了力量来思索,我追忆不出哪一点是在故意模拟谁。……我想不出执笔的时候我是追念着哪些作品而写下《雷雨》。"① 对于《雷雨》所遭受的质疑,《天下月刊》也做出了回应,姚莘农为《雷雨》辩护,并强调其"中国性"。他写道:"……相似性并不重要,宿命论并不是从外国进入到中国思想领域的,并且这个故事是完全中国的,如同作者所说,他写这部戏时追忆不出(在模仿)任何一位大师,他只是受到'宇宙残酷'的感召。"② 有趣的是,从其他材料中我们看到了姚莘农对这一问题的不同声音。1954年,姚莘农在香港导演英译《雷雨》,他回忆起当年翻译《雷雨》的情景:"十八年前,我开始将《雷雨》译成英文的时候,一位研究欧美戏剧的朋友曾经竭力怂恿我放弃这费力不讨好的工作。他说:这个戏不过是把易卜生的《群鬼》改成庸俗的传

---

① 曹禺:《雷雨》,文化生活出版社1936年版,第 ii 页。
② Yao Hsin-nong, "Editorial Commentary", *T'ien Hsia Monthly*, Vol. 3, No. 3, October 1936, p. 6.

奇剧（melo-drama），再安上了一个希腊命运悲剧的主题，和几个从西洋名剧里借来的人物。这样一个东拼西凑的'杂碎'（chop soey），也值得你浪费精力！"对于此，姚莘农虽然认为"这样苛刻的评语当然是不公允的"，但也承认《雷雨》"往往在无意之中露出了许多借径于西洋剧本的痕迹"，然后细数了第一幕中对《群鬼》和《闺怨》的承袭，从而总结说，"我不相信作者'尽管用尽了力量'还'追忆不出那一点是在故意模仿谁'"①。

姚莘农在两个文本中表现出的不同态度，反映出《天下月刊》在译介《雷雨》时的真实姿态——清楚自己"溢美"，但仍然卖力叫好。诞生不过数十年的中国现代文学，要作为"现代"中国文化的代表被介绍向世界，与欧美同时代的文学成就来对话和比较，其中的难度是不言而喻的。更何况，近代以来一直处于"人为刀俎我为鱼肉"的中国，她的文学、文化如何能被人公正地看待，特别是近现代的文学和文化成就，如何能获得作为现代"成员"被接受的资格？《天下月刊》同人清醒地知道其中的艰难，"在我们中国人的世界里，从来没有免费的午餐"②。因此，当《雷雨》这样一部优秀的作品出现时，他们不仅希望西方读者能够了解这部剧作，更希望他们能够以此为窗口，生发出对中国文化，乃至整个中国的兴趣，希望"读者能一窥中国话剧现状，更能让他们通过舞台对当今中国有一个更好的了解"③。因此，尽管知道作为一个初出茅庐的年轻剧作家的作品，《雷雨》尚有不足，他们仍然兴奋不已，鼎力推荐，由此可以见到他们希望现代

---

① 姚克：《英译〈雷雨〉——导演后记》，姚克《坐忘斋新旧录》，海豚出版社 2011 年版，第 30—32 页。

② John C. H. Wu, "Some Random Notes on the Shin Ching", *T'ien Hsia Monthly*, Vol. 2, No. 1, January 1936, p. 34.

③ Yao Hsin-nong, "Editorial Commentary", *T'ien Hsia Monthly*, Vol. 3, No. 3, October 1936, p. 8.

中国能够摆脱被世界忽视乃至蔑视的地位,被西方"现代"社会接受认可的迫切心情。

姚莘农是20世纪三四十年代上海戏剧界的著名编剧,也是《天下月刊》主要负责现代文学和现代、古代戏剧译介的编辑,关于姚莘农的详细情况,本书在第二章第三节有介绍。总体而言,向西方译介《雷雨》,从专业水准、语言能力以及自身愿望来讲,姚莘农都是非常合适的人选。

姚莘农翻译《雷雨》,采用的底本是1936年上海文化生活书店出版的单行本,这是当时出版的最新版本。姚译本不仅包括序幕和尾声,还翻译了曹禺为"文生版"所写的序言,意在"用这篇相当长的序言来帮助读者理解作者在剧中所要表达的所谓'宇宙残酷'的主题"[1]。

同样与现代性追求相关,在翻译策略方面,姚莘农选择了"直译"的方法。"直译"作为翻译学中的重要概念,其内涵根据时地的不同而代有新变。在20世纪二三十年代的中国翻译界,主要是指以鲁迅为代表的一种翻译策略。鲁迅的"直译"策略,在他的多篇文章中均有表述,如"文句大概是直译的,我所取的方法历来一样,竭力想保存原书的语气,大抵连语句的前后次序也不甚颠倒"[2];"几乎是逐字译"[3];"决不有所增减"[4]。姚莘农在翻译方面受鲁迅影响很大。因为帮助斯诺翻译鲁迅的作品,姚莘农多次当面向鲁迅请教"翻译上的疑问",第一次见面便对此

---

[1] Yao Hsin-nong, "Editorial Commentary", *T'ien Hsia Monthly*, Vol. 3, No. 3, October 1936, p. 7.
[2] 鲁迅:《出了象牙之塔·后记》,《鲁迅全集》第10卷,人民文学出版社1973年版,第271页。
[3] 鲁迅:《译了〈工人绥惠略夫〉之后》,《鲁迅全集》第10卷,人民文学出版社1973年版,第184页。
[4] 鲁迅:《文艺政策·后记》,《鲁迅全集》第10卷,人民文学出版社1973年版,第341页。

"十足谈了有两个钟头"①。1934年，他翻译《魔鬼的门徒》，这一工作"完全由鲁迅先生所促成"②。前面提到过，他所做的中国文学外译的工作，也得到了鲁迅的大力支持和鼓励。在鲁迅的影响下，无论是翻译戏剧、小说还是诗歌，姚莘农都明确选择了直译法，这在他多篇与翻译有关的文章中均有表述③，《雷雨》也不例外。

从题目来看，他将题目直译为"Thunder and Rain"，而非后来译者常用的"Thunderstorm"。尤为能体现出这一翻译策略的，则是姚莘农对于文化负载词的翻译。文化负载词"反映了特定民族在漫长的历史进程中逐渐积累的、有别于其他民族的、独特的活动方式"④。正如有论者所指出的那样，"接受者对信息和内容的理解，相当程度上依赖于各自的文化预设。……当译文词汇与原语词汇在文化上存在巨大差异时，原语读者与译语读者由相应的词汇而产生的联想是大相径庭的"⑤，所以文化负载词始终是翻译中的难点。是尽可能保留文化信息以呈现源语言文化的样貌，还是用更贴近目标语文化的表达方式以方便读者阅读？信息目的与交际目的之间的取舍往往能区别出译者"直译"与"意译"的不同翻译策略。

曹禺在《雷雨》中使用的语言总体而言比较书面而西化，文化负载词并不算太多，集中出现的地方是鲁贵这一市井泼皮的口语，且以骂人的脏话为主。对这些粗俗语，姚莘农的翻译如表6-1所示。

---

① 参见姚克《从憧憬到初见——为鲁迅先生逝世三十一周年作》，《纯文学》1967年第4期。
② 姚克：《〈鲁迅日记〉的两条诠注》，《南北极》1977年第81期。
③ 参见姚克《李贺诗歌散论》，香港《明报月刊》1975年第10期；姚克《从憧憬到初见——为鲁迅先生逝世三十一周年作》，《纯文学》1967年第4期。
④ 廖七一编著：《当代西方翻译理论探索》，译林出版社2000年版，第232页。
⑤ 廖七一编著：《当代西方翻译理论探索》，译林出版社2000年版，第237页。

表6-1　　　　姚译本《雷雨》对鲁贵粗俗语的翻译

原文	译文
妈的!	Mother's!
讲脸	cares for face
混蛋	absurd egg
王八蛋	son of a tortoise
穷骨头	pauper's bone
滚开	roll out of here like an egg
活受罪	suffer hell's hardships

从表6-1可以看到，姚莘农基本上是对原文直接进行对译，而没有在目标语中选择意义相近的表达来进行替换。姚莘农这种不太考虑目标语读者文化预设的翻译方法，对于外国读者而言显然会造成一定的理解上的障碍。有论者认为，这与姚莘农没有国外生活经历，对于英语口语不熟悉有关。① 但这一说法其实不能成立。姚莘农毕业于教会学校东吴大学，主修英文，虽然是《天下月刊》编委中唯一没有留学经历的一位，但英语娴熟，他常常发表文章的《字林西报》《密勒氏评论报》均是英美人士在华主办的报纸，*Life and Letters Today* 更是英国本土的文学文化刊物，姚莘农在这些报刊上发表的文章文笔流畅、很受认可，从文章来看，也绝不缺乏口语化的表达。而且，据周劭回忆，姚莘农作为"年轻人"，在《天下月刊》的编辑中承担的实际工作很多。② 如果他的英文水平不过关，不可能在欧美归国留学生云集的编辑部中被委以重任。他参与了斯诺《活的中国》的编撰，斯诺也称赞他是"能干的合作者"③。种种材料证明，正如鲁迅用直译法翻译

---

① 参见聂文静《归化异化视角下〈雷雨〉两个英译本的比较研究》，硕士学位论文，北京外国语大学，2017年。
② 周劭:《姚克和〈天下〉》,《读书》1993年第2期。
③ [美]埃德加·斯诺:《〈活的中国〉编者序言》，文洁若译,《新文学史料》1978年第1期。

的外国作品常被指为佶屈聱牙一样，姚译本呈现出的这种特征，不是力不能逮，而是有意为之。

粗俗语采用直译虽然对读者来讲难以完全理解，但因每种语言中都有粗俗语的存在，读者即便不甚了了，也能够大概感受其所表达的激烈情绪或者侮辱性。而对于另外一些更具有本土特色的文化负载词而言，它们所携带的文化信息读者闻所未闻，如果作者直译而又不加解释，读者就完全摸不着头脑了。在处理这类词语时，姚莘农采用了"直译+注释（脚注）"的方法，这也是译者在翻译文化负载词时比较常用的方法。不过，姚莘农对注释的使用非常克制，全部171页译文一共只使用了11个注释，每一幕只有2—3个，全部摘录如表6–2所示。

表6–2　　　　　　　　　姚译本《雷雨》注释

	原文	译文	注释
第一幕注1	妈的	Mother's	A popular Chinese oath.
第一幕注2	烧酒	Shaochiu	A very strong Chinese rice-wine.
第一幕注3	那一方面	particular respect	The reference is to his love affair with his step-mother.
第二幕注1	凤儿	Feng-êrh	Feng-êrh is an intimate way of calling Shih-fêng; the suffix "êrh" is an expression of endearment.
第二幕注2	陈妈	ch'en-ma	The Suffix "ma" stands for "amah."
第二幕注3	绝子绝孙	Deprive you of sons and grandsons.	This is the worst curse to a Chinese.
第三幕注1	梆	Pang	Pang（梆）is a time-reporter made of wood, commonly used by the Chinese night watchman who beats it as he walks through the streets and alleys to report the hour.

续表

	原文	译文	注释
第三幕注2	磕头	k'otou	This word is ordinarily spelt "kowtow."
第三幕注3	大姑娘上轿	A bride going into her flower-palanquin for marriage	In old China when marriage was arbitrarily arranged between parents and match-makers, the bridegroom and his family were usually complete strangers to the bride. Hence, when she goes into the flower-palanquin enroute to the groom's house for the wedding, it was natural that she burst into tears.
第四幕注1	赏饭吃	a bowl of rice to eat	"A bowl of rice to eat" is a Chinese colloquial expression meaning "a job".
第四幕注2	你回来，你回来	Come back, come back	According to Chinese superstition, when one faints one's soul leaves one's body. Hence the practice of shouting the Phrase "come back" to the soul of a person in an unconscious state.

除第一幕注3外，其余10条均是对文化负载词的解释。仔细分析这些注释，我们可以得出两点结论。其一，姚莘农对于直译执行得颇为严格。如"烧酒""赏饭吃"，在英文中其实并不难找到对应词，在注释中他也提到了"rice-wine""a job"，但他并没有在正文中直接进行替换。其二，姚莘农特别重视这些文化负载词所携带的中国文化信息。他不仅着意保留了具有中国文化特色的词语，还在注释中特别强调其"中国性"——这10条注释中，China/Chinese出现了7次之多，前述关于"烧酒""赏饭吃"的注释中，重点正在于指出这是中国所特有的。如果将姚译本和采用"意译"翻译策略的王佐良译本加以对比，这一倾向就会更为明显。在王译本中，"喝了两口烧酒"译作"had a little drink"[1]；

---

[1] Tsao Yu, *Thunderstorm*, trans. Wang Tso-Liang and A. C. Barnes, Beijing: Foreign Language Press, 1958. 下文王佐良版本译文均引自这一版本，不再另注。

"赏饭吃"译作"give us our jobs back"。尤为典型的一个案例，是第四幕中鲁妈为四凤叫魂的一段翻译。原剧本中四凤晕倒后，鲁妈一边拿凉水灌四凤，一边喊道，"凤儿，好孩子。你回来，你回来"。这是中国民间"叫魂"的做法。在这一段的翻译中，王佐良采用意译，将"你回来，你回来"译作"Wake up, wake up"。呼唤晕倒的人"醒醒"，从意义上是完整的，对于目标语读者来说不会有任何阅读障碍，却牺牲了"叫魂"的文化内涵。姚莘农则译作"Come back, come back"，并在脚注里说明："根据中国人的迷信，当一个人昏倒时，他的灵魂就会离开他的身体。因此，要对一个处于无意识状态的人的灵魂喊'回来'。"这种译法部分牺牲了正文的流畅性，但保留了源文本的文化内涵。目标语读者在阅读的过程中，或许会因为陌生和"隔"而停下来，但随后就能够在注释中了解到其所携带的中国文化。

综上所述，姚莘农选择"直译"的翻译策略，即是通过尽可能保留源语言的形式和词语来保存其所携带的文化特点，如价值观、世界观、信仰、民俗等。他希望通过译文中的"直译""保存土气"，刻意制造出与目标语言的疏离感，通过中国式的词语、语言，使西方读者在阅读《雷雨》的同时，扩大文化纵深，向外国传递真实的中国文化，完成现代国家形象的对外建构，这也正契合了前述《天下月刊》阐释现代中国的办刊目的。从另一个角度讲，我们或许也可以认为，这是多少意识到《雷雨》不够"中国"的译者，为了尽可能地让它反映"中国"，而在翻译策略上做出的努力和补救。总体而言，"直译"的翻译策略虽然与姚莘农的个人选择有关，但更重要的仍然是《天下月刊》期待通过文化交流，助力民族文化现代性建构的努力。

我们还可以从《天下月刊》对熊式一的评论中窥见这一努

力。熊式一以京剧《红鬃烈马》为底本,将其中的"王八出"改译为英文五幕话剧"Lady Precious Stream",1934 年起先后在英、美上演并引起轰动。但在中国国内,《王宝钏》受到了众多批判,洪深等人批评它是"卖国戏""辱国作品",认为他"同情于外国人对中国人的成见",故意将外国人想象中传统丑陋的中国展示出来,"恭维外国人"[①]。对于这一中西文化交流的重大事件,《天下月刊》做出了及时的反馈。温源宁认为问题的本质并不是《王宝钏》的内容,而是欧美对中国文化的态度,罪魁祸首是欧美媒体。尽管温源宁及《天下月刊》同人非常希望中国文化受到西方的关注和认可,但对于《王宝钏》所获得的巨大关注,他们表现出了颇为冷静的态度。针对欧美媒体将熊式一捧为"中国的莎士比亚"这样的评论,温源宁不但不为之欣喜,更指其为荒唐可笑的过誉之词,并由此提出"欧美新闻界在报道与中国有关的事件时,应保持清醒冷静的态度,而不是不切实际、有害无益的吹捧之辞。……西方在对中国做出有益的赞扬之前,尚需假以时日对其国家与人民有一个长期的了解,……中国不需要空洞的赞美之词,她需要的是西方对其公正的理解"[②]。熊式一后来又改译了《西厢记》,却在西方反响寂寂,但《天下月刊》仍然给出了及时反馈。1936 年 3 月的"书评"栏目刊登了姚莘农对熊译《西厢记》的评论,他认为,两种语言之间存在巨大差别,因此将中国诗歌译成英文时不可避免地会与原诗有所偏离,"但是无论如何,不能牺牲掉原诗的意与神"。于是,他提出对于熊式一过于西化、丧失主体性的翻译策略的批评,他认为,熊式一错误地以节制感情、讲究形式的英诗诗体来翻译《西厢记》中优雅细腻含蓄的文

[①] 洪深:《辱国的〈王宝川〉》第 4 卷,《洪深文集》,中国戏剧出版社 1959 年版,第 270 页。

[②] Wen Yuan-ning, "Editorial Commentary", *T'ien Hsia Monthly*, Vol. 3, No. 1, August 1936, pp. 7–9.

人化诗词，只能使其神韵尽失。①

姚莘农后来曾通过多方努力，希望单行本的英译《雷雨》能够在美国出版，但最终没能成功："起先我归咎于自己译得太草率，特请第恩教授（Alexander Dean）②加以润色，再请伊登教授（Prichard Eaton）写了一篇序文，结果还是给出版社退了稿。阅稿人的评语是：一二幕显然脱胎于易卜生的《群鬼》，全剧缺乏中国的风格和地方色彩。"③虽然未能成功，但阅稿人的评语恰恰反证了《天下月刊》所选择的中国风格与世界视野相结合的文化立场的正确和重要。姚莘农的译本作为《雷雨》最早的英译版本，也是中国现代戏剧最早的英译作品之一，借助《天下月刊》的广泛发行，成为中国现代戏剧走向世界的一张名片。

第三节 《天下月刊》对沈从文《边城》的译介

1936年1—4月，《天下月刊》连续4期刊载了邵洵美（用笔名Shing Mo-lei，辛默雷）与项美丽（Emily Hann）合译的英译本《边城》，这是对沈从文这一代表性中篇小说的首次英译。此后，《边城》先后出现了三个不同的英译本，分别为金隄与白英的合译本（1947）、戴乃迭译本（1967）和金介甫译本（2009）。四个译本当中，邵译本④虽然是最早的译本，但因至今没有单行本出版，所以在《边城》译本的研究中所受关注最少。

《天下月刊》发表初译本《边城》并非出于偶然，而是与刊

---

① Yao Hsia-nung, "Book Review of Romance of the Western Chamber", T'ien Hsia Monthly, Vol. 2, No. 3, March 1936, pp. 301–302.

② 即前文提到的亚历山大·迪安。

③ 姚克：《从〈清宫怨〉英译本谈起》，姚克《坐忘斋新旧录》，海豚出版社2011年版，第16页。

④ 项美丽不懂中文，在这一版本的《边城》翻译当中，实际上是邵洵美主要翻译，项美丽来润色语言，后文中有论述。因此为行文之便，本书简称为"邵译本"。

物的办刊宗旨与理念有着密切的联系。事实上,《天下月刊》共译介了《边城》《萧萧》《乡城》三篇沈从文小说,和鲁迅并列为《天下月刊》译介作品数量最多的作家。其中,《边城》分四期连载,是《天下月刊》唯一刊载的中篇小说作品。可见,沈从文是《天下月刊》最为看重并着力向西方介绍的中国现代作家之一。具体而言,有三个方面的原因。

其一,沈从文处理中西文化资源的态度,符合《天下月刊》推崇的文化交流观念。如前所述,《天下月刊》强调中西文化之间平等的沟通和"理解",并不主张一味地推崇西方文化,而是强调建立在民族特性基础上的世界文学视野。沈从文虽然常以"乡下人"自居,但实际上他在西方哲学、西方文学上修养颇深。从思想上看,他的早期创作受弗洛伊德影响很大。在1924年或1925年,沈从文就接触到了弗洛伊德的学说[①],在他1925年发表的《用A字记录下来的事》中,就出现了大量的下意识描写。《八骏图》更是沈从文使用下意识描写的代表作之一。在这篇小说里,沈从文通过八位教授意识层面与下意识层面的激烈冲突,讽刺了知识分子的道貌岸然和装腔作势。在西南联大期间,他还受到以尼采为代表的存在主义思潮的影响,对其进行有保留的吸收,在1951年的《我的学习》中,他称"为人类社会的新设计,却是个人中心的纪德、尼采之流多一些"[②]。在写作方法上,他自称受契诃夫"不加个人议论,而对人民被压迫者同情"的写作态度和屠格涅夫"把人和景物相错综在一起"的写作方法影响较大。[③]

[①] 沈从文在《答瑞典友人问》中提到,他最早通过在燕京大学做助教的燕云那里接触到弗洛伊德,时间是1924年或者1925年。参见沈从文《答瑞典友人问》,《沈从文全集》第27卷,北岳文艺出版社2002年版,第377页。
[②] 沈从文:《我的学习》,《大公报》1951年11月14日第3版。
[③] 沈从文:《答凌宇问》,《沈从文全集》第16卷,北岳文艺出版社2002年版,第526页。

以上种种，充分证明了沈从文在思想上和方法上，都深受西方文艺思潮的影响。但是，他批评"一点不高明的抄译而来的新诗"，认为"由自己民族习惯而唱出的诗歌，在一种普遍的意义中存在，也才能使他成为一种力，代表一个民族向新生努力的欢呼和呼叫"。他提倡"用我们自己的言语，说明我们自己的欲望"，并尖锐地指出，"生息于上海的"那些模仿西方现代派和日本新感觉派技法的"海派"作家们"不屑注意到它，也不能注意到它"①。与此相对，他提出了自己吸收和学习西方思想资源的方法："看得多而杂，就不大可能受什么影响，也可以说受总和的影响。是理解文字的一定程度后，从前人作品得到个总的印象，即一个故事的完成，是可以从多方入手，都达到一定效果的。懂得这一点，就不会受任何权威影响，相反，不大费事就可以自出新意自成一格。"而他所说的"权威"既包括"佛教的虚无主义、幻异情感"，也包括"文选诸子学"，还包括"弗洛伊德、乔伊斯"等。② 在为《大公报·艺术周刊》创刊号写的文章中，他批评"所谓现代艺术家者"画西洋画只知模仿，只会"画牌楼"，"对于这个民族在过去一份长长的岁月中，用一片颜色，一把线，一块石头或一堆泥土，铜与玉，竹木与牙角，很强烈的注入自己生命意识作成的种种艺术品，有多少可以注意处，皆那么缺少注意，不知注意"③。沈从文对"上海现代派"与"现代艺术家"的批评，与《天下月刊》对中国现代艺术的批评颇具相通之处。在 1938 年 1 月对于"中国国家美术展"的评论中，温源宁写道："我们的现代艺术完全没有跟上我们古代艺术的成就。……现代中国美术似乎只有'借来的'生命：缺乏现实性并且似乎害怕创

---

① 沈从文：《现代中国文学的小感想》，《沈从文全集》第 17 卷，北岳文艺出版社 2002 年版，第 35 页。
② 沈从文：《我的学习》，《大公报》1951 年 11 月 14 日第 3 版。
③ 沈从文：《〈艺术周刊〉开张》，《大公报·艺术周刊》1934 年 10 月 7 日第 1 版。

造。从头到尾都在模仿西方的短暂时尚，非常令人失望。"①

总而言之，沈从文认为，不论对于西方还是中国古代的思想资源，吸收和学习都不是简单的模仿和抄袭"权威"，而是在学习之后，内化到自己的创作当中，而且，在向西方学习时，更不能忘记自己的民族传统和民族特色。比如《边城》中翠翠怀春的梦境，虽然明显是弗洛伊德式的隐喻，但放置在湘西的风土人情当中毫不突兀，整篇小说仍然非常具有中国特色，真正做到了"民族"与"世界"的结合。金介甫曾撰文分析沈从文的《看虹录》《水云》《凤子》等作品中的现代主义特征，并将以他为首的现代主义创作称为"学院派现代主义"，作为与"外来现代主义""上海现代主义"并立的20世纪中期中国文学中的三种现代主义之一。他认为，"学院派现代主义"最重要的特点之一就是兼具"地区性"和"现代主义色彩"②。这正是对《天下月刊》所强调的建立在民族特性基础上的世界性视野的极好注解，也正是《天下月刊》同人所推崇的吸收他国思想文化资源的方式。

其二，沈从文在他以《边城》为代表的"田园牧歌"式的小说中所呈现的中国形象，符合《天下月刊》同人希望对外塑造的中国形象。在不同国家的文化交往当中，异域文学所塑造的异国形象，是不同国家之间沟通、想象的重要方式，但误解、滤镜式的片面观察由于地域的远隔、文化的巨大差异更是常常出现，甚至是不可避免的。在1949年新中国成立之前，以欧美为代表的西方视野中的中国形象，主要有三个侧面：一是辉煌神秘但固执保守的东方古国；二是不堪一击、疲弱落后的东亚病夫；三是反人

---

① Wen Yuan-ning, "Editorial Commentary", *T'ien Hsia Monthly*, Vol. 7, No. 4, November 1938, p. 327.
② 参见［美］金介甫《沈从文与三种类型的现代主义流派》，黄启贵、刘君卫译，《吉首大学学报》（社会科学版）2005年第4期。

性、诡诈阴险的恶势力。《天下月刊》正是要打破西方对中国的这三种负面想象，重塑一个现代而非前现代的、健康积极而非病弱昏聩的正面中国形象。《边城》凭借湘西地方风景如画的自然环境、热烈的民俗、一心为人的淳朴民风、健硕有力的人物共同构成了"优美、健康而不悖乎人性的"[①] 中国形象。对于一个后发的、被动现代化的国家，这样的形象既不妄自菲薄、楚楚可怜，也不夸夸其词，可信而令人神往，特别是对于当时在西方正在流行的，将中国想象为狡诈、邪恶的"傅满洲"[②] 的风潮，是非常有力的反驳。如论者所言，《边城》"充分展示了乡土与传统的诗意，以最为贴切和概括性的形式，将30年代的中国想象——有悠久历史的泱泱大国。它的苦难，它的文化优势——凝聚成可感的艺术造型"[③]。

其三，"牧歌"作为一种文学样式，本就归属于西方文学传统，它从古希腊起源，在文艺复兴时期达到高潮，对浪漫主义文学影响极大。因此，《边城》牧歌式的优美舒缓的笔调，以及它所携带的对返璞归真的渴望，对淳朴人性的赞美，都是西方读者所熟悉的，在接受上也就更为顺利和方便。所以，从传播者和接受者双方而言，《边城》所塑造的中国形象，都有利于一个更为健康的、现代化的中国国家形象的建构。

如前所述，《天下月刊》发表《边城》这一沈从文的代表作，是刊物的内在需求使然。但是在当时的中国，掌握英语又具有一定文学素养的翻译人才难能可贵。许多优秀的文学作品因为没有

---

① 沈从文：《习作选集代序》，《沈从文全集》第9卷，北岳文艺出版社2002年版，第5页。
② 傅满洲（Fu Manzhou）是英国通俗小说作家萨克斯·罗默尔创造的无恶不作的中国恶棍形象，1913年首次在其小说中出现即大获成功，而后以傅满洲为主角的小说和电影大量出现，20世纪二三十年代在欧洲和美国非常风靡。
③ 刘洪涛：《〈边城〉：牧歌与中国形象》，《文学评论》2002年第1期。

第六章 《天下月刊》译介中国现代文学的重要案例

合适的译者进行翻译而难以被西方了解和接受。

《天下月刊》所发表的《边城》,译者为邵洵美(笔名辛墨雷)和项美丽。邵洵美是当时沪上著名的出版家和诗人,项美丽则是当时常驻上海的一名美国女记者,与邵洵美关系亲密。但项美丽不懂汉语,而邵洵美曾留学剑桥,中英文皆通,因此在二人合译的过程中,应当是由邵洵美将原文译成英语,再由项美丽润色修改。邵洵美的女儿邵绡红的回忆录也证实了这一点。[①] 这也是当时比较通行的中西方合作翻译模式。

邵洵美与《天下月刊》渊源匪浅。根据其女儿邵绡红的回忆,温源宁等人商讨创办《天下月刊》时,邵洵美就有参与:"在洵美的朋友里,有几位留过洋,精通英文的饱学之士,如温源宁、吴德生(即吴经熊)、全增嘏、叶秋原等人……他们与洵美有深交,与项美丽也就成了很熟的朋友……在聊天中他们酝酿创办一份英文的杂志……这份杂志旨在促进中西文化交流。"在《天下月刊》创刊后,虽然邵洵美本人是当时上海滩出版业的风云人物,创办并主持多本杂志,但他仍然非常重视《天下月刊》,邵绡红对此多有表述,"洵美很看重那本英文刊物《天下月刊》,不是有分量的作品他决不投到《天下月刊》去发表","由于这份杂志对稿件要求甚高,洵美必定要写出有分量的文章才肯投送"[②]。除了翻译《边城》,邵洵美还为《天下月刊》撰写了前面提到的两篇《诗歌年记》以及《孔子论诗》等文章,另有两篇他的诗由 Harold Acton 翻译后发表在《天下月刊》上。太平洋战争爆发后,《天下月刊》编辑部迁往香港,邵洵美仍然与他们保持联络[③],并可能编辑了最后两期

[①] 邵绡红写道:"他(邵洵美)知道自己的英文翻译水平还有一定的不足,所以跟项美丽合作,其实是他译好之后请她修改润色而已。"(邵绡红:《我的爸爸邵洵美》,上海书店出版社 2005 年版,第 149 页。)

[②] 邵绡红:《我的爸爸邵洵美》,上海书店出版社 2005 年版,第 149、207 页。

[③] 邵绡红:《我的爸爸邵洵美》,上海书店出版社 2005 年版,第 172、199 页。

的《天下月刊》。①

邵洵美与沈从文也是关系不错的朋友。沈从文在成名之初，颇受新月派提携。他在20世纪20年代所创作的作品，很多都发表在徐志摩主持的新月派刊物《晨报副刊》《新月》等，如《新月》自创刊起连续8期发表的《阿丽思中国游记》，而邵洵美正是《新月》的重要出资人。在徐志摩的引荐下，沈从文成为以徐志摩等人为核心的京派自由主义文学圈的重要成员，也因此与新月派诗人、徐志摩的挚友邵洵美熟识。

邵洵美翻译沈从文的《边城》，虽然有私交的因素，但更多的是文学理念上的投契。在徐志摩的邀请下，邵洵美加盟新月书店，参与《新月》的编辑和《诗刊》的创刊，诗作入选陈梦家主编的《新月诗选》，因此被视为新月派的重要诗人，他的诗学观念也大体符合新月派的文学主张。在《永久的建筑》中，邵洵美这样表达自己的文学观："诗是一座永久的建筑。这一座建筑务须是十分的完全，材料须是十分的坚固，式样须是十分的美丽，在这座建筑的里面，供养着一位永久的生命。我们要造这座永久的建筑，所取的材料至少便得坚固到能永久……供养着的永久的生命是什么呢？那便是天造地设又加以人工制造的情。"② 这与沈从文在那篇著名的《习作选集代序》中的表述颇具相通之处。沈从文写道："这作品（《边城》）原本近于一个小房子的设计……我要表现的本是一种'人生的形式'，一种'优美，健康，自然而又不悖乎人性的人生形式'……为人类'爱'字作一度恰如其分的说明"，"我只想造希腊小庙。选山地作基础，用坚硬石头堆砌它。精致、结实、匀称，形体虽小而不纤巧，是我理想的建筑。

---

① 邵绡红写道："那个时期那本《天下月刊》也停刊了，听说最末两期是由爸爸编辑的，因为印刷是在上海。"（邵绡红：《我的爸爸邵洵美》，上海书店出版社2005年版，第202页。）

② 邵洵美（署名浩文）：《永久的建筑》，《金屋月刊》1929年第3期。

这神庙供奉的是人性"①。可见，邵、沈二人，都认为文学应当具有不朽的价值，而这价值正在于对情、爱、人性的体现和表达。在此基础上，他们提倡文学与政治保持距离，沈从文所设计的现代性道路与崇奉西方文明的五四启蒙思想不同，也反对左翼激烈的文学实践和主张。他认为，"神圣伟大的悲哀不一定有一摊血一把眼泪，一个聪明作家写人类痛苦是用微笑来表现的"②，"你们多知道要作品有'思想'，有'血'，有'泪'……你们要的事多容易办！可是我不能给你们这个"③。而邵洵美表达得更为决绝，他说道，文学与政治的合作是"滑稽的事情"④，"伟大的作品一定是对人性深刻了解的表现，决不能归入某种主义，某种意识形态的旗帜之下，要知人类究竟还没有到变成机器人的地步"⑤。

出于文学观念的志同道合，邵洵美一直对沈从文赞赏有加。他在《金屋月刊》发文称赞沈从文的《神巫之爱》为"一本结构极紧凑题材极新颖文笔极精致的好作品"，"一口气读完，立刻找见了他的伟大"，认为"我们在这里不但能见到地方色彩有它最美满的表现，同时现世主义也便在这里有了充分的发挥了"⑥。在为《八骏图》所写的文章里，他点明了自己欣赏沈从文小说的原因，在文字上"一向是那样的清新简洁，初学写作的人模仿了他会变得平淡枯燥：这是九炼的纯钢，不是打光的白铁"，更重要

---

① 沈从文：《习作选集代序》，《沈从文全集》第9卷，北岳文艺出版社2002年版，第2、5页。
② 沈从文：《给一个写诗的》，《沈从文全集》第17卷，北岳文艺出版社2002年版，第186页。
③ 沈从文：《习作选集代序》，《沈从文全集》第9卷，北岳文艺出版社2002年版，第6页。
④ 邵洵美：《文学与政治》，《人言周刊》1934年第38期。
⑤ 邵洵美：《伟大的晦涩》，《人言周刊》1936年第4期。
⑥ 邵洵美：《神巫之爱》，《金屋月刊》1929年第6期。

的是，沈从文的小说符合他一贯所认为的"故事"："一个活的境界的创造，亚里斯多得在《诗学》里所说的'模仿自然'，即是说'创造一个和上帝创造出来的一样的自然。'同样是有生命的。不只记载、写照，而是同一个题材的另一个故事。"① 对《边城》，他更是喜爱有加，"有一个时期一直将它放在枕边，睡前总要读几段，仔细琢磨"②。

因此，从对《天下月刊》这一刊物的了解、对作者沈从文的熟悉、文学观念的相互认可以及语言能力等方面，邵洵美翻译《边城》都是不可多得的合适人选。因此，在《边城》发表后不久，邵洵美即开始着手翻译，并将之发表在自己十分看重的《天下月刊》上。《天下月刊》刊发《边城》时，距离原作发表仅三年。

在《边城》的翻译中，邵洵美采用了比较特别的翻译方法。在当时，主要的翻译方法有以鲁迅、周作人为代表的"直译"和以赵景深等人为代表的"意译"。而邵洵美认为，所谓"直译"和"意译"之争，首先是态度而非方法的问题，争议双方都是把文学当成了工具，当成了"为商业或是政治的事业"，而没有真正从文学的角度出发去考量。他写道："翻译是一种运用两国文字的文学工作，缺一不可。所以第一个条件应当是对于原作的文字要有彻底了解的修养；同时对于译文的文字要有充分运用的才能。知道了原作的一句话或是一个字的正确解释、力量与神韵；同时又知道了怎样用另一种文字去表现时，什么'意译'、'直译'、'硬译'的问题便根本不值得讨论了。"③ 因此，他并不以"直译""意译"来刻板框定自己的翻译方法，而是采取相对灵活折中的翻译策略。

---

① 邵洵美：《不朽的故事》，《人言周刊》1936 年第 45 期。
② 邵绡红：《我的爸爸邵洵美》，上海书店出版社 2005 年版，第 149 页。
③ 邵洵美：《谈翻译》，《人言周刊》1934 年第 43 期。

第六章 《天下月刊》译介中国现代文学的重要案例

在为《天下月刊》发表的《边城》译文所写的序言当中,他引用 George Moore 在 Confessions of a Young Man 中关于翻译的论述来表达自己的翻译观:

> 在英国,人们通常把诗歌翻译成诗歌,而不是像法国人那样,把诗歌翻译成散文。曾经我们也这样做,但我们早就纠正了这样的错误。不论翻译者是好的诗人还是坏的诗人(这都是愚蠢的)——如果翻译者是一名好的诗人,他就用他的诗句代替了原文的诗句,而我们并不想要他的诗句,如果他是糟糕的诗人,他就会给我们难以容忍的诗句。……所有的名字,不论多么拗口,都应当被严格地译出来;译者绝不能把"俄里"翻译成"千米",或者是把"卢布"翻译成"法郎"。尽管读者不知道什么是"俄里""卢布",但当看到这样的字眼时,读者就在俄国。所有的谚语都要译出来,即便它并不是特别好理解,如果它完全讲不通,那就加以注释。……翻译决不能消解关于外域的幻想。[①]

邵洵美认同 George Moore 的翻译观念,自认为他们的《边城》翻译正是对这一观念的印证。通过这段论述并结合译文文本来看,邵洵美在翻译《边城》时所采取的翻译主张,主要包括两个原则。一是在形式上,尽量保持作品原有的文字、风格、韵律,而不是改变或替代。为此他还不无遗憾地说,将题目译为"Green Jade and Green Jade"牺牲了"Pien Chen"这一发音的韵律美。这大约与邵洵美作为新月派诗人对形式和韵律特别敏感有关。二是他主张在翻译中保留中国的文化特色,这与前述《天下月刊》同

---

① Emily Hann & Shing Mo-lei, "Preface of Green Jade and Green Jade", T'ien Hsia Monthly, Vol. 2, No. 1, January 1936, p. 91.

人对民族特性的坚持以及提振中国形象的诉求类似。为了贯彻这两项原则，他采取了较为灵活的翻译方法，根据小说本身的语言风格、叙述脉络、具体段落的侧重点、行文的节奏等在符合原则的情况下进行调整。首先是对于题目"边城"，他认为，如果将"边城"直译为"the Border Town"或"the Outlying Village"，容易让欧美读者联想到欧美文学中的西部小说或边疆小说，而把主人公"翠翠"的名字作为题目并译作"Green Jade and Green Jade"，则一方面符合英美把人名作为小说题目的习惯，另一方面更是用翠玉来象征女主人公和湘西世界的纯净与美好。[1]

对于文中对湘西秀美自然风光的大量描写，他尽量采取直译，保留沈从文小说长于写景、如诗如画的特点，同时也保证了小说原有的唯美舒缓的叙述节奏不会被打乱。如小说一开头的这段景色描写：

> 小溪流下去，绕山岨流，约三里便汇入茶峒的大河。人若过溪越小山走去，则只一里路就到了茶峒城边。溪流如弓背，山路如弓弦，故远近有了小小差异。小溪宽约二十丈，河床为大片石头作成。静静的水即或深到一篙不能落底，却依然清澈透明，河中游鱼来去皆可以计数。

邵洵美译文如下：

> The brook flows in a curve around a hill and empties into the river by the city; it takes three li to make the journey, but if you leave the stream and cross the mountain then the city is only one li

---

[1] Emily Hann & Shing Mo-lei, "Preface of Green Jade and Green Jade", *T'ien Hsia Monthly*, Vol. 2, No. 1, January 1936, p. 90.

away, as though the creek forms a bent bow and the straight path is its string. The creek is really small, only seventy feet across, with its bed a mosaic of pebbles. The water is very quiet; even where it is too deep to touch the bottom with the ferryman's bamboo pole, still one can see the bed very clearly, and count the fishes that drift about.

这一段从翠翠家所住的白塔下的小溪写起,沿着小溪的流向写茶峒一带的地势。沈从文的叙述优美从容,写出了小山城远离尘世的安静和美。邵洵美的翻译,避免了过于欧化的长句,在基本忠于原文意思的同时,保持了散文化的叙述节奏。比如"故远近有了小小差异"这一句,因为已经有了"溪流如弓背,山路如弓弦"这一句的解释以及1里跟3里的对比,所以不太影响原意,而如果如实翻译,又会使这一句变成冗长的复杂从句,所以索性舍弃没翻译。

《边城》的一个重要特点是通过对湘西地方淳朴、丰富、热烈的民风民俗的描写,展现湘西民众自然浪漫的原始生命力。但对于翻译而言,如何能将民俗中负载的复杂文化意义传递给完全不熟悉中国、不了解湘西文化的域外读者,无疑是一个难点,而这恰恰是邵洵美所看重的。

为了实现这一点,邵洵美采用了两种方法。其中之一是他创造性地在遇到外国人难以理解的中国风俗和事物时,直接在原文中加入解释。这是由于他既担心破坏原文的风格,又不愿意采用脚注或者尾注的形式,认为"没有什么比读到一个句子中间却要到页脚或者书后面去找注解更恼人的了"。尽管这一做法很不寻常,但邵洵美解释说,"这并没有听起来那么糟糕,因为沈先生的文风本身就包含很多这样的解释,所以我们的几个插入并不显得突兀"。在实际的翻译当中，虽然邵洵美在译者前言中专门解释了这种特别的做法，但用得还是比较谨慎，大多出现在对原文意思有重大影响，或者一旦不解释，读者就无法理解之处。比如在二老跟老船夫谈论风水时，他将风水译作"wind and water"。"风水"属于中国封建文化的产物，与字面的意思"风和水"相去甚远，所以邵译本在二老这句话之后，解释说"By 'wind and water' he meant the auspices of the landscaper, which are very important to a countryside's destiny"，将风水解释为"风景带来的预兆"，比较清楚简明地解释了"风水"的文化内涵。又如在顺顺送给祖孙二人粽子这里，他把粽子翻译成"rice-pudding"，但显然粽子与布丁相差很远，而且不了解中国文化的读者没法理解为什么顺顺把"大米布丁"作为礼物，所以他用长长的一段解释了粽子的做法以及来历。这一段解释看似并没有太大必要，但是，端午节在《边城》中有非常重要的作用，它是一年又一年的时间标记，也是翠翠与天保、傩送爱情故事的重要节点。因此，作为端午节的重要民俗，邵洵美对粽子做了着重解释，并强调"这种小点心是为龙舟节特意制作的"。出于同样的理由，对端午节的另一习俗，"当地妇女小孩子，莫不穿了新衣，额角上用雄黄蘸酒画了个王字"也做了着重解释。

　　这种特殊的翻译方法，显示出邵译本在传递中国文化、塑造中国形象方面的自觉和决心。但是，邵译本也不是一味地要把中国形象"陌生化"和"神秘化"，在不影响理解的情况下，他也间或使用简化的方法进行翻译。如果把邵译本与特别强调诠释中国文化内容的金介甫译本相比较，就更为明显。

　　如老船夫的这段话：

　　　　车是车路，马是马路，各有走法。大老走的是车路，应当由大老爹爹作主，请了媒人来正正经经同我说。走的是马路，应当自己作主，站在渡口对溪高崖上，为翠翠唱三年六个月的歌。

金本译作：

In a game of chess, the chariot-the rook-moves one way and the horseman-the knight-another. If No. 1 wants to make his move directly like a chariot, his father ought to ask a go-between and put the proposition to me in the proper way. If he wants to move like a horseman, hurdling all obstacles, it's his play, to stand on the bluffs across the creek from the ferry and sing for Cuicui's heart until he's won her-for "three years and six months", if that's what it takes, as it says in the song.

邵本译作：

That there is a road for carriages and there is a road for horses. If First Master prefers the carriage road, then he must get permission from his father, and send a go-between to come and talk to me in my house; but if he takes the road for horses then he may decide for himself, and come to bank across the stream, and sing to Ts'ui Ts'ui for three years and six months.

可以看到，邵本和金本这一段的翻译差别很大。从准确性来说，应当是金译本更胜一筹。金介甫是著名的沈从文研究专家和汉学家，对湘西历史文化和沈从文著作有着学理化的研究和了解。金译本除在文末附上多达32个注释,详细解释文中涉及的文化内容以外,在原文中也大量使用了"增译"的手法,尽可能地挖掘原文中负载的文化细节。在这段翻译中,老船夫说的"车有车路,马有马路",指的是中国象棋的规则,车(音ju)走直线,可以水平或垂直方向移动任意个无阻碍的点,杀伤力大;马每一步只可以水平或垂直移动一点,但有双口,更为灵活。用"车路"和"马路"来比喻通过"父母之命,媒妁之言"直接提亲和跳过父母通过唱山歌"自由恋爱",是非常恰切的比喻。因此,金介甫在翻译时,完全舍弃了原文的结构,而是采用了"增译""诠释"的方法,侧重于把本体和喻体之间的关系表达出来,不仅把"车"和"马"翻译成"chariot"和"horseman",还把国际象棋中走法类似的"rook"和"knight"放在原文中,作为"chariot"和"horseman"的注解,英语读者可以自然而然地理解二者之间的不同而没有任何文化上的障碍。而邵译本的翻译很简单,只做了字面上的翻译,把车路和马路,简单翻译成"road for carriages"和"road for horses"。这样的翻译,也不影响读者对原文的大致意思,即这是两种不同的求爱方式的理解,但其中的文化内涵就被忽略了,不过好处是保持了原文的结构,更为简洁,读起来也更流畅清新,更符合原作的风格。

  总体而言,邵译本的《边城》既基本上保证了意思的忠实,又通过对语言文字的处理和修饰,使《边城》原有的特点和韵味能够传达给译作的读者,与此同时,中国的文化特色也在翻译当中得到了较为妥帖的保留。诚如邵洵美所言:"以我个人的经验,我翻译一种作品的时候,我从没有感觉到文字上的困难;同时我又确信我能充分地表现着原作的神韵。"

第四节 《天下月刊》、凌叔华与布鲁姆斯伯里文化圈

凌叔华是《天下月刊》除沈从文以外重点译介的另一位京派作家，也是《天下月刊》重点向西方介绍的中国女性作家。1936—1937 年，《天下月刊》集中刊发了凌叔华三篇小说的英文译本，与其刊发沈从文、鲁迅的译作数量相同。《天下月刊》对凌叔华的看重，除前述与"京派"文学理念的契合以外，本书想要关注的是"《天下月刊》—凌叔华—朱利安·贝尔—布鲁姆斯伯里文化圈"之间的关系，以及在作品翻译之中的中西方话语权之争，这一案例，可以作为管窥 30 年代中外文化交往的一个有趣的窗口。

1936—1937 年，《天下月刊》刊发了凌叔华的三篇小说，《无聊》（"What's the Point?"）发表于 1936 年 8 月，《疯了的诗人》（"A Poet Goes Mad"）发表于 1937 年 4 月，《写信》（"Writing a Letter"）发表于 1937 年 12 月。这三篇译作当中，较早发表的两篇《无聊》和《疯了的诗人》，刊发时署名是凌叔华和朱利安·贝尔合译。第三篇《写信》发表于朱利安·贝尔去世后，刊发时只署名"作者译"，但实际上，根据帕特丽卡·劳伦斯找到的手稿，《写信》也是由二人合译完成。[①] 不过，或许是因为二人的非常关系被世人所知晓、闹得满城风雨的原因，这一篇的译者并没有署朱利安·贝尔的名字。

凌叔华是当时颇被认可的女作家。不仅徐志摩称赞她为"中国的曼殊菲尔"，认她为"同志"，周作人、钱杏邨、沈从文等都给予了她相当的赞扬。周作人称她的小说《酒后》"非常地好"[②]；钱

[①] 参见［美］帕特丽卡·劳伦斯《丽莉·布瑞斯珂的中国眼睛》，万江波、韦晓保、陈荣枝译，上海书店出版社 2008 年版。

[②] 周作人：《嚼字》，《京报副刊》1925 年 1 月 19 日第 2 版。

杏邨称她"是代表进步的中国资产阶级的智识分子思想的女性的意识"[①];沈从文称她"把创作在一个艺术的作品中去努力写作,忽略了世俗对女子作品所要求的标准,忽略了社会的趣味,以明憨的笔,去在自己所见及的一个世界里,发现一切,温柔的也是诚恳地写到那各样人物姿态,叔华的作品,在女作家中别走出了一条新路"[②]。而尤其令人瞩目的是鲁迅的评价:"她恰和冯沅君的大胆、敢言不同,大抵很谨慎的,适可而止的描写了旧家庭中的婉顺的女性。即使间有出轨之作,那是为了偶受着文酒之风的吹拂,终于也回复了她的故道了。这是好的,——使我们看见和冯沅君,黎锦明,川岛,汪静之所描写的绝不相同的人物,也就是世态的一角,高门巨族的精魂。"[③]

译者朱利安·贝尔是英国女画家瓦内萨·贝尔（Vanessa Bell）的儿子,而瓦内萨·贝尔正是弗吉尼亚·伍尔夫（Virginia Woolf）的姐姐。两姐妹都是著名的英国布鲁姆斯伯里（Bloomsbury）文化圈的核心人物,朱利安·贝尔自然而然地成为其中的一分子。温源宁和徐志摩在剑桥的老师狄更生也是这一团体的重要成员。徐、温二人在英国期间,通过狄更生的介绍与其中的一些成员认识交往,也就是说,《天下月刊》同人早早即与布鲁姆斯伯里集团发生了关联。1932年,布鲁姆斯伯里的重要成员哈罗德·阿克顿来到中国,正是经由时任北京大学英文系主任的温源宁推荐进入北京大学英文系执教。

1935年9月,朱利安·贝尔来到中国。他来到中国的缘由本身就充满了隐喻色彩——他是在以庚子赔款为资金来源的"赴中国大学派遣团"项目资助下来到中国的,可以说,他来到中国的

---

① 钱杏邨:《"花之寺":关于凌叔华创作的考察》,《海风周报》1929年第2期。
② 沈从文:《论中国现代创作小说（序）》,《文艺月刊》1930年第5、6期合刊。
③ 鲁迅等:《〈中国新文学大系〉小说二集导言》,载刘运峰编《1917—1927中国新文学大系导言集》,天津人民出版社2009年版,第88页。

过程，本身就已经是中国近现代文化交往的一个缩影。来到中国以后，他被聘至武汉大学外国文学院，教授英国现代文学，教学内容主要包括英语写作、莎士比亚研究、英国现代主义作家研究。时任武汉大学校长的王世杰雄心勃勃，立志要将武汉大学建设成为可与剑桥大学、巴黎大学媲美的世界一流高等学府。为此，他说服了包括陈源在内的许多北京大学教员来到武汉大学任教。武汉地理位置优越，在当时本来也是文化中心之一，还特别注重与国外大学的各种学术、文化交流。在这样的背景下，武汉大学很快成为学术重镇，学生思想活跃，叶君健等一批文学青年当时在武汉大学读书。陈源来到武汉大学后，任文学院院长。他的夫人即著名才女凌叔华，时任《武汉日报·现代文艺》副刊编辑。夫妇二人都是新月派的著名成员，在武汉文学文化界很有名气。朱利安·贝尔来到中国后，受到陈源、凌叔华夫妇的热情帮助。朱利安不懂中文，凌叔华充当了朱利安翻译与生活助理的角色。很快，朱利安和凌叔华之间的感情超越了友谊，发展到了情人关系。二人之间的这段恋情一共维持了16个月（1935年10月—1937年1月）。1937年，陈源得知此事，一时满城风雨。在绯闻风波的压力之下，朱利安于1937年3月离开中国回到英国。此后，他于1937年7月奔赴西班牙内战战场，不幸于次月在战争中牺牲。

在朱利安·贝尔来到中国以前，凌叔华已经出版了三本书：《花之寺》《女人》和《小哥俩》，正值创作的高峰期，以其独特的"闺秀派"风格为文坛所瞩目。哀伤隽远而又浪漫生情的文字，对刻画人物心理的兴趣，对"高门巨族"的太太小姐们生活的描写，构成了凌叔华小说的特点。

与凌叔华在武汉相识后，凌叔华的创作和才华很快吸引了朱利安·贝尔，朱利安打算借助布鲁姆斯伯里的同人和朋友帮助凌叔华在英国产生影响。1935年12月,即朱利安来中国刚三个月的时候,他就写信给母亲说自己正在翻译的作品,称"不久就会给巴尼(David Garnett)与弗吉尼亚寄一些翻译作品,我希望英国能认同她(指凌叔华):她一定会成功的"。一年之后,他又写信给母亲说:"这些作品真的很棒。我在想弗吉尼亚会不会认同一位中国女作家。"① 事实上,伍尔夫不仅认同并认可凌叔华,还在通信中鼓励凌叔华写自传,不过这是1937年7月朱利安战死在西班牙战场之后的事情。

1936年2月,朱利安将凌叔华翻译的一组中国古诗与一篇小说寄给好友埃迪·普雷菲尔,希望能"得到批评与指正"。3月,埃迪回信问朱利安"我倒是很有兴趣知道多少是你的,多少是她的"。朱利安于是在回信中详细介绍了他们翻译的过程:

> 我称之为翻译,但是这实在只有在我们俩的这种特殊情形下才可能存在的一项活动。她把自己的汉语译成英语——她的语言易懂,语法严谨。然后我仔细询问她在字面翻译中想要表达的微妙涵义,……一旦找到确切的(而非含混的)涵义,我就想出一个英语的句子打出来,其中加进了很多特殊的时态,把简明的词句扩展为各种形象的话语,再用上近似的对应英语习语和手法等等。这样产生的译文让我兴奋不已,我希望别人也这样认为。②

---

① 分别见1935年12月17日、1936年12月18日朱利安致母亲瓦内萨的信,转引自[美]帕特丽卡·劳伦斯《丽莉·布瑞斯珂的中国眼睛》,万江波、韦晓保、陈荣枝译,上海书店出版社2008年版,第128页。

② 1936年3月20日朱利安致好友埃迪·普雷菲尔的信,转引自[美]帕特丽卡·劳伦斯《丽莉·布瑞斯珂的中国眼睛》,万江波、韦晓保、陈荣枝译,上海书店出版社2008年版,第130页。

第六章 《天下月刊》译介中国现代文学的重要案例

因为朱利安·贝尔来到中国时,几乎一句中文都不会讲,而凌叔华毕业于英文系,英文娴熟,自己也做过一些将英文作品翻译成中文的工作①。朱利安·贝尔去世后,她用英文与伍尔夫通信,且在伍尔夫的帮助下用英语写作了《古韵》。结合朱利安的上述自述,我们可以看到,二人的翻译模式与邵洵美、项美丽合译《边城》类似,先由中英文皆通的"中方"翻译为英文,再由几乎不懂中文的"外方"进行润色。1936—1937年,朱利安与凌叔华至少共同翻译与编辑了凌叔华的《无聊》《写信》《疯了的诗人》《有这么一回事》四篇作品,均以年轻女性生活为切入点,探讨女性的心理世界,分别涉及"疯癫"(《疯了的诗人》)、"焦虑"(《无聊》)、"家庭生活"(《写信》)、"同性恋"(《有这么一回事》)等主题。除了其中三篇作品先后发表于《天下月刊》,朱利安也曾将这些英译稿寄回英国,试图通过他的关系网络在英国刊物上发表这些小说。朱利安选译这四篇小说作为介绍凌叔华进入英国文学界的代表作,既出于个人文化理念与兴趣,也表现出布鲁姆斯伯里集团与新月派在互动的美学接纳过程中所呈现出的共同文学旨趣与文化需求。

通过译者的回忆和叙述我们可以看到,在合译关系中,朱利安对译文起决定作用,他对凌叔华译稿的改动,既包括语言上的润色,也包括情感、文化等负载信息的增删,因此,他的定稿过程其实是一次文学的再创作,但是,他自己似乎对此并不自觉。对比《天下月刊》发表的英语译文和凌叔华的中文原作,最为明显的变化是中文原作中很多富有中国特色的描述、习语和暗喻被删除、改写。美国学者帕特丽卡·劳伦斯通过阅读朱利安寄回英

---

① "凌叔华出身燕京大学外文系,曾着手翻译英国名著《傲慢与偏见》,可惜未果。我编在她'文存'里的译作很少,只有契诃夫和曼斯菲尔德的短篇小说各一篇,那是相当成熟的译品。"(陈学勇编撰:《中国儿女——凌叔华佚作·年谱》,上海书店出版社2008年版,"前言"第4页。)

国的译稿原件，直接看到了朱利安在凌叔华所提供的英文初稿上进行的二次删改修订过程，最主要的表现是"朱利安决定删去凌叔华用来形容人的大量诗情画意的熟语或暗喻，她在自传《古韵》里也使用了这种手法。他要么删除整句熟语，要么建议把它改成脚注，从中我们可以看出对于一位英国读者和中国作家来说，哪些文化痕迹将被擦除。他抵触文化程式或文化映象中的陌生感，而这却是凌叔华绘画式写作风格的重要组成部分"[①]。

从帕特丽卡·劳伦斯提供的手稿情况，结合《天下月刊》最后发表的译文定稿来看，在具体的翻译上，朱利安有两个主要特征。一是将凌叔华的中式英语在用词造句上变得更有英国味，更符合英国人的语言习惯，比如说将凌叔华的"想"改为"对自己说"（talk to herself）；又如凌叔华原稿为"甚至当我在想时"（even when I'm thinking），朱利安将其删掉，改为"我脑海中有了想法"（I have thought it out in my mind）。二是朱利安删掉了凌叔华作品中其实非常具有作者本人写作特色的部分，比如诗意的形容词、比喻、民间俗语等，或者把它们改成了脚注。朱利安拒绝文化形式或视觉上的"陌生性"，例如在《写信》里，凌叔华原文为"我常说，大人是'残花败柳'，破破烂烂穿一穿没什么要紧，小孩子是一枝花，人人爱，除了没爹挣钱的就不该打扮成个小要饭的样子"。但到了《天下月刊》所发表的译文中，经过朱利安·贝尔的修改，就成了"I often say that grown up people don't need to go about dress up, but children ought to look nice, except orphans"。朱利安删掉了凌叔华大人是"残花败柳"（withered flowers and bare trees），小孩是"一枝花"（flower）的比喻，也删掉了"小要饭的"这个指代。这段删减，看似保留了原文的

---

① ［美］帕特丽卡·劳伦斯：《丽莉·布瑞斯珂的中国眼睛》，万江波、韦晓保、陈荣枝译，上海书店出版社 2008 年版，第 143 页。

主要意义，事实上却大大改变了原文的语气和情感，原本生动的一段语言，变得平实而枯燥。

再如，在《疯了的诗人》开头的片段中，凌叔华以细致的笔调，叙写了男主人公在路途中所看到的自然美景，从整体意境的营造到人物心理的描摹都流溢出细腻柔婉的情致。在这里将原文和译文对比如下：

原文：

　　原来对面是连亘不断的九龙山，这时雨稍止了，山峰上的云气浩浩荡荡的，一边是一大团白云忽而把山峰笼住，那一边又是一片淡墨色雾气把几处峰峦渲染得濛濛漠漠直与天空混合一色了，群山的脚上都被烟雾罩住，一些也看不见。

译文：

In front of him was the unbroken ridge of Chu Lung Shan. The rain had stopped, and the clouds were flowing across the mountains in a broad tide. At one place a group of white clouds hid their shoulders, in others the watery mists covered them, making mountains and sky of the same colour. Their skirts could not be seen.

原文：

　　痴望了一会儿，手触到画箱，正欲打开取出画具，忽然抬头一看，目前云山已经变了另一样。他自语道：

　　"拿这样刷子画这云山够多笨！况且这缥缈轻灵的云山那能等你对写呢？他一分钟里不知变多少次，纵使你能够赶快的擒着东边的一角，西边已经不同了。这色彩浓淡也因雨云的，天光的明暗变化的厚薄，这天地迅速的化工那能让你凡眼追随呢？……"①

译文：

As he looked, his hand touched his paintbox, but while he was getting out his brush the mountain he was watching was no longer the same. "How can one ever hope to paint clouds and mountains in this way? They are so impalpable, smokey, and variable that in a single second there are an enormous number of changes; even if you catch a bit of the east side, the west will have changed. The colours change with the rain and mist, and the tones with the light from the sky; it is more than the eye can follow."

这一段原文描写雨后的山色，用的是中国水墨画式的"晕染"手法，有留白、有缓慢的流动，凌叔华使用长句以及诸多的形容词、状态词来成就抒情、悠扬的中国画式的朦胧缓慢的美感，勾勒出一幅"空山新雨图"。而译文不但多使用短句，而且删掉了很多表示情感、状态的词语，比如"雨稍止了"的"稍"、"痴望"的"痴"、"忽然抬头一看"的"忽然"，不仅语言节奏已与原文大大不同，水墨画的画面感大大降低，细究起来，对人物心理状态的描写也粗放了许多，这与前述项美丽、邵洵美译本的《边城》对原文语言风格的刻意保留颇有不同。

类似这种多少可以称作"武断"的处理在译文中十分常见，究其原因大约有两点。其一是朱利安本人在文学风格上的偏好。在

---

① 凌叔华：《疯了的诗人》，载凌叔华《花之寺·女人·小哥儿俩》，人民文学出版社1986年版，第185页。

写给艾迪的信中,朱利安对学生写作中流行的"感伤主义"风格非常不满,他写道:"我正进行一场反感伤主义的战斗——中国人不能理解'现代主义',但他们却欣然接受浪漫主义最糟糕的作品,像沉溺杜松子酒的黑鬼。这就是仅仅依靠敏感生存的下场。"① 他提倡一种健康的、正直的硬派风格,显然凌叔华小说中细腻委婉的风格他是不尽赞同的,所以,对此进行了或许是不自觉的修改。

其二,更重要的原因是,翻译是一种跨文化的实践,涉及政治、文化、文学层面,包含着两种文化之间的冲突、妥协与误读,而其背后机制是文化的接受与改造。"翻译不再被看作是一种简单的两种语言之间的转换行为,而是译入语社会中的一种独特的政治行为、文化行为、文学行为,而译本则是译者在译入语社会中的诸多因素作用下的结果,在译入语社会的政治生活、文化生活、乃至日常生活中扮演着有时是举足轻重的角色。"② 恰恰与姚莘农在翻译《雷雨》时采用"异化"译法、尽可能保留"中国特色"相反,朱利安所做的正是采用"归化"译法,让译文失去"中国特色",甚至用"英国特色"代替"中国特色"以符合英国读者的文化背景与阅读习惯。而凌叔华的小说,本身正是非常具有中国特色的,她细腻委婉的语言风格,本身也是中国感性婉约、富于感情的文化的组成部分。因此,朱利安大刀阔斧地改译,可以看作欧洲文化中心主义与东方文化特色之间必然的分歧与断裂。

朱利安因以庚子赔款为资金来源的"赴中国大学派遣团"身

---

① 朱利安致埃迪·普雷菲尔的信,日期不详,约1936年。转引自[美]帕特丽卡·劳伦斯《丽莉·布瑞斯珂的中国眼睛》,万江波、韦晓保、陈荣枝译,上海书店出版社2008年版,第89页。
② 谢天振:《国内翻译界在翻译研究和翻译理论认识上的误区》,《中国翻译》2001年第4期。

份来到中国，其中的殖民色彩本身就不言而喻，而到武汉大学任教后，他更是一度无法接受一个与他想象中完全不同的、本土的、远在西方文明体系之外的中国，他写道："真正的文化不在这里——甚至看不到一丁点儿外国社会的影子。如果你想要进行更推心置腹的文化交谈的话，我觉得，中国人是很不一样的。至少这些古板的外省学者是这样的。北平就大不一样了；那里有真正活力十足的中国人，还有一些睿智的外国人也在其中。"[1] 在这里，朱利安指责武汉没有"真正的文化"，而理由是"看不到一丁点儿外国社会的影响"，其中的欧洲中心主义强烈得令人吃惊，而且他本人对此完全没有察觉，以至于他所预期的"文化"，其实是带着先验的西方视角所理解的"文化"，没有受外国影响、没有被西方文化规训的中国本土文化，在朱利安看来就是"没有真正的文化"。朱利安的文化认知，建立在其不自觉又非常强烈的欧洲中心主义之上，以至于甚至充满了种族歧视。美国学者帕特丽卡·劳伦斯在阅读朱利安的信件时，不时发现"中国佬"的绰号、对中国人的"辫子""鼻子"等的成见、"西方"的表情以及"根本是不一样的（人们）"的话语，甚至"中国人是下等民族"等带有明显的欧洲中心主义和民族偏见以及本质主义的民族观的表达。

朱利安虽然为凌叔华探讨女性心理的小说主题所吸引，却受到自身民族观念与文学观点的影响，无法理解她中国式的叙述手段。事实上，尽管朱利安与凌叔华保持了一年多的情人关系，但他其实也并不理解凌叔华作为一位中国女性的内心世界，更不理解中国的文化背景。他带着布鲁姆斯伯里的"浪子"情

---

[1] 1936年2月朱利安致埃迪·普雷菲尔的信，转引自[美]帕特丽卡·劳伦斯《丽莉·布瑞斯珂的中国眼睛》，万江波、韦晓保、陈荣枝译，上海书店出版社2008年版，第93页。

趣和人际交往的道德准则来到中国，很快与凌叔华成为情人。在他与英国友人及家人的书信中，尽管明知凌叔华"很害羞""敏感"，但他仍然满不在乎甚至略带炫耀地提及他的中国情人，并无保守秘密的意思，甚至大谈他们的房事。在中国，他对每个人都谈及凌叔华，丝毫不顾及她的名誉。尽管他的朋友们再三提醒，但他显然并不了解，在中国的文化背景下，即便是对于凌叔华这样解放的女性而言，这桩风流韵事对凌叔华及陈源而言也意味着非常大的对个人道德的谴责、社会压力以及声名扫地的风险。

对于凌叔华本人，朱利安·贝尔当然是爱慕和欣赏她的，但他的赞赏仍然是从欧洲中心主义出发的，他反复说，"她（凌叔华）才真正属于我们的世界"[1]，似乎凌叔华吸引他的地方，恰恰在于她与自身文明的背反。他的好友埃迪通过他的叙述获得的印象是"苏（凌叔华）和我们所认为的中国人一点都不像……即便把她放在剑桥的爱情生活中也似乎毫不脱节——她身上完全不见数千年宁静文明的影子"[2]。显然，他们低估了文化的作用，或者说，他不曾真正发觉和尊重凌叔华身上所携带的中国文化基因。这也就无怪乎他在翻译中用"我们的"方式来处理小说中的中国文化因素。凌叔华的小说中，自然与人物心理彼此缠绕，诗意的自然环境与人物的心理形成一种客观关联。所以，凌叔华处理的虽然是现代主义的"疯癫"与"内心"主题，表达方式仍是传统的中国式印象主义。凌叔华本身是画家，画作"在向往古典的规

---

[1] 1935年11月12日朱利安·贝尔致母亲瓦内萨的信，转引自［美］帕特丽卡·劳伦斯《丽莉·布瑞斯珂的中国眼睛》，万江波、韦晓保、陈荣枝译，上海书店出版社2008年版，第104页。

[2] 1936年1月艾迪·菲雷普尔致朱利安·贝尔的信，转引自［美］帕特丽卡·劳伦斯《丽莉·布瑞斯珂的中国眼睛》，万江波、韦晓保、陈荣枝译，上海书店出版社2008年版，第105页。

模法度之中，流露她所特有的清逸风怀和细致的敏感"①，凌叔华将个人的绘画风格带入了小说创作，结合中国传统的意象主义，展现了女性的内心世界与生存困境。显然，就小说创作而言，凌叔华一点也不符合朱利安所说的"属于我们的世界""完全不见数千年宁静文明的影子"，而恰恰是"属于中国"的、随处可见"几千年宁静文明的影子"。所以，她的描写方式其实从未被朱利安领会与理解，他简单地将之视为已经过时的19世纪自然主义描写。朱利安的翻译兴趣源于凌叔华小说所蕴含的现代主义主题，却在翻译中删去了凌叔华精美的中国式的心理表现方法——诗意的细节描绘和暗喻。

在文化交往中，处于主导地位的一方往往并不自觉，而另一方通常更加敏感。朱利安也是如此，但凌叔华恐怕已经有所察觉。私情被人知晓后，朱利安与凌叔华之间爆发了激烈的冲突，从二人的信件往来看，凌叔华在争吵中数次提及"白人"与"中国人"的差异，而朱利安认为，"我一辈子也不会明白那些（关于白人和中国人的）胡话和眼前的局面有什么关系"，并劝凌叔华"不要再那么敏感"②。尽管当时凌叔华没有表露更多关于翻译的态度，但在1956年给伦纳德·伍尔夫（Leonard Woolf）的信中，她明确表达了对"西方人"想象和接受中国文化的方式的不满，她写道："这个国家（英国）的人们，大部分都不愿意接受新的观念与艺术形式，除非他们可以在其中找到自己的影子"，"在此售出的大部分中国画都是中西混合的作品。主题或者画面必须符合西方人的品位。想到这种不可避免的失败，我真是厌恶

---

① 朱光潜：《论自然画与人物画——凌叔华作〈小哥俩〉序》，《朱光潜全集》第9卷，安徽教育出版社1993年版，第212页。
② 朱利安·贝尔致凌叔华的信，1937年12月17日，转引自［美］帕特丽卡·劳伦斯《丽莉·布瑞斯珂的中国眼睛》，万江波、韦晓保、陈荣枝译，上海书店出版社2008年版，第136页。

极了，可我又能怎么办呢"①。由此我们可以想见，当年朱利安修改她的作品时，英文水平还不错的凌叔华很可能内心对这种"中西混合"已经有所不满。

二人交往期间，朱利安曾将他们合译的四篇小说通过私人关系寄给英国文学界人士，希望能在英国发表，但均未被录用。

1938年，凌叔华与弗吉尼亚·伍尔夫开始了一年多的通信，交流文学与写作理念。伍尔夫鼓励凌叔华用英语写作一本英文自传，即后来的《古韵》。不过，伍尔夫的这一建议也受到了论者的批评，史书美认为："此时的凌叔华早已在中国文坛站住了脚跟，没有任何特定的理由要求她必须用英文写自传。伍尔夫建议背后未能说出来的前提恐怕是有关语言和受众的等级观念……当伍尔夫鼓励凌叔华写一本'对其他人也有价值'的作品之时，这种微妙的欧洲中心主义观点也就显露了出来，因为这间接地暗示了只有用英文写的作品才具有最大的价值。"由此，史书美认为，"无论是评价凌叔华的英文'非常好'，还是许诺替凌叔华编辑或修正英文将是一大快事，伍尔夫都毫无疑问地摆出了某种屈尊的姿态"②。

但史书美的这一批评，其实并不公允。伍尔夫在信中明确说了建议凌叔华用英语写作的原因：

> 我知道你有充分的理由比我们更不快乐……所以，我想要给你什么劝慰，那是多么愚蠢呵。但我唯一的劝告——这也是对我自己的劝告——就是：工作。所以，让我们来想想

---

① 凌叔华致伦纳德·伍尔夫的信，1956年2月9日，转引自[美]帕特丽卡·劳伦斯《丽莉·布瑞斯珂的中国眼睛》，万江波、韦晓保、陈荣枝译，上海书店出版社2008年版，第413页。

② [美]史书美：《现代的诱惑：书写半殖民地中国的现代主义（1917—1937）》，何恬译，江苏人民出版社2007年版，第243—244页。

看，你能否全神贯注地去做一件本身值得做的工作……你是否有可能用英文写下你的生活实录。这正是我现在要向你提出的劝告。你的英文相当不错，能给人留下你希望造成的印象，凡是令人费解的地方，可以由我来作些修改。

……由于在英国没人知道你，你的书可以写得比一般的书更自由，那时我再来看看是否能把它印出来。[①]

可以看出，伍尔夫的建议基于三点理由，一是希望凌叔华通过写作寄托苦闷和焦虑；二是她认为凌叔华的英文不错，具备英文写作的能力；三是在陌生的地方出版可以让她无所顾忌地放手去写，因为是"生活实录"，这就意味着凌叔华甚至也可以放手去写与朱利安·贝尔之间的过往来寄托哀思。应该说，伍尔夫的建议是非常诚恳的，从她写给凌叔华的其他书信来看，伍尔夫对凌叔华的关心也是真诚的，既有因为朱利安·贝尔而产生的怜惜，也有女性之间的共情和女作家之间的惺惺相惜。如果说二者地位之间有不对等的地方，那也是伍尔夫作为已经功成名就的大作家，对一个晚辈的帮助和提携；凌叔华也一直是以晚辈的姿态请求一些写作上、阅读上的建议，而伍尔夫为她润色书稿、开列书单，还为她寄过一些书，二人之间形成了一种亦师亦友的关系，这种不对等确实是存在的，但并不能简单地看作中西方文化身份的"不平等"。

并且，史书美指责伍尔夫的欧洲中心主义的另一个证据是，伍尔夫大力肯定了被朱利安否定的诗意与中国式意象，称之为"魅力""不同寻常""中国味道"。史书美显然是从东方主义的角度展开她的批评的，但事实是，虽然伍尔夫和大多数对神秘的

[①] 杨静远：《弗·伍尔夫至凌叔华的六封信》，《外国文学研究》1989年第3期。

中国文化非常陌生的西方人一样，很可能并不完全理解凌叔华作品中所呈现出来的中国特色，甚至也对于其中一些特定的、独属于中国的文化传统，比如"一夫多妻"等感到非常费解，并且也正如她自己所说，并不确定"广大读者是否能读懂"①，但基于一位卓越作家的敏感，更重要的是同为女性，对被压抑的性别身份的表达和抒发的渴望，使伍尔夫看完凌叔华分章节寄来的自传草稿后建议："请继续、自由地写作。不要在意你是多么直接地把汉语翻译成英语。说实在的，我劝你还是尽可能接近于中国情调，不论在文风上，还是在意思上。你尽可以随心所欲，详尽地描写生活、房舍和家具陈设的细节，就像你在为中国读者写一样。"②

与朱利安臣服本国文化的归化译法不同，伍尔夫从文学的角度出发，认为润色译稿不应该破坏原有的风味："如果有个英国人在文法上加以润色，使它在一定程度上变得容易理解，那么我想，就有可能保存它的中国风味，英国人读时，既能够理解，又感到新奇。"③凌叔华用英文撰写小说，本意在于"如果我的书能向英国读者展现中国真实生活的某些画面，和英国普通民众一样的中国平民的某些经历，你们的人民从未有机会看到的某种真实生活和性，即使这一切都是通过一个孩子的眼睛看到的，我就已经心满意足了"④。伍尔夫的润色，对于凌叔华这一愿望应当是有帮助的。综合来看，伍尔夫的建议确实有欧洲中心主义的潜意识影响，但是，她基本上尊重凌叔华的写作，并没有违背凌叔华的本意去刻意强调"中国味道"的意思，而是符合她的本来愿望和

---

① 杨静远：《弗·伍尔夫至凌叔华的六封信》，《外国文学研究》1989 年第 3 期。
② 杨静远：《弗·伍尔夫至凌叔华的六封信》，《外国文学研究》1989 年第 3 期。
③ 杨静远：《弗·伍尔夫至凌叔华的六封信》，《外国文学研究》1989 年第 3 期。
④ 1938 年 7 月 24 日凌叔华致弗吉尼亚·伍尔夫的信，转引自［美］帕特丽卡·劳伦斯《丽莉·布瑞斯珂的中国眼睛》，万江波、韦晓保、陈荣枝译，上海书店出版社 2008 年版，第 418 页。

作品本身特点的,这显然与前述朱利安·贝尔相当武断的欧洲中心主义有所不同。如论者所言,"客观上受到一种东方主义意识形态的制约,与主观上抱有东方主义的企图和目的还是两个不同的概念"①。

这一次,凌叔华在伍尔夫的鼓励下创作的英文自传体小说《古韵》,1953年由伦纳德·伍尔夫的霍加斯出版社(Hogarth Press)在伦敦出版,并且大获成功。《古韵》从写作到出版的过程中,受到了弗吉尼亚·伍尔夫、玛乔里·斯特雷奇、维塔·萨克维尔·韦斯特、伦纳德·伍尔夫等多位布鲁姆斯伯里集团成员的慷慨帮助。凌叔华与布鲁姆斯伯里集团的遇合,可以说是20世纪上半叶中西文化交往中一个非常有趣又特殊的案例,但是其中所携带的跨文化的冲突和协调,是具有普遍性的,也是《天下月刊》在编辑和撰稿的过程中所不断遇到的。

从发稿情况来看,《天下月刊》也成为连接英国布鲁姆斯伯里文化圈与中国之间的桥梁。除了发表前述朱利安·贝尔与凌叔华合译的作品,1935年11月,朱利安·贝尔在《天下月刊》第1卷第4期还发表了两首诗,在1936年10月又发表了介绍奥登诗歌创作的文章。前面提到的哈罗德·阿克顿也是《天下月刊》重要的撰稿人之一。弗吉尼亚·伍尔夫的《岁月》与《三个几尼》、伦纳德·伍尔夫的《门中的野蛮人》与 Quack! Quack! 受到《天下月刊》"书评栏"的关注与推荐。1920年曾到访中国并引起轰动的罗素更是《天下月刊》宣传的重点,他的《安逸颂》《宗教与科学》《数学原理》(第二版)都在《天下月刊》以专文或书评的形式得到介绍。

---

① 王颖冲:《中文小说英译研究》,外语教学与研究出版社2018年版,第98页。

第五节 《天下月刊》的白话新诗译介

相对于既有规模又有重点的现代小说译介，《天下月刊》对白话新诗的译介就显得不够系统，数量上也不够成规模。1935—1941年，《天下月刊》共发表了7位诗人的13首白话诗作，其中哈罗德·阿克顿与陈世骧（Chen Shih-hsiang，1912—1971）的合作翻译最为突出。他们在《天下月刊》1935年8—11月四期刊物中，共刊发英译中国现代诗7首，这7首诗选自二人合作翻译出版的《中国现代诗选》（*Modern Chinese Poetry*，1936），7首诗分别为：

（1）"The Serpent"，by Zau Sinmay（《蛇》，邵洵美）

（2）"The Dead Water"，by Wen Yi-tuo（《死水》，闻一多）

（3）"The Return of the Native"，by Pien Chih-Lin（《还乡》，卞之琳）

（4）"My Memory"，by Tai Wang-shu（《我底记忆》，戴望舒）

（5）"Fly in Autumn"，by Tai Wang-shu（《秋蝇》，戴望舒）

（6）"A Journey"，by Li Kwang-t'ien（《旅途》，李广田）

（7）"The Shooting Star"，by Li Kwang-t'ien（《流星》，李广田）

哈罗德·阿克顿在前文已有介绍。1932年他来到北平以后，由时任北京大学英文系主任的温源宁引荐入北京大学教授英国文学，主讲莎士比亚与英国诗歌，前后有7年之久。任教北京大学期间，他结识了许多学生和海外归来的教师。阿克顿在北京大学任教时，与当时在北京大学读书的一批年轻诗人交往密切，在他的自传《一个爱美者的回忆》（*Memories of an Aesthete*）中，有不少与这些年轻人交往的记录，卞之琳、陈梦家、李广田、陈世骧等都是他的座上客。《中国现代诗选》的编译也正是缘起于与这些年轻诗人的交往，据阿克顿所说，英译中国现代诗歌的倡议最早由卞之琳提出，主修英文的陈世骧则成为他的合作者。二人自1933年7月起着手开始翻译，直至1936年出版，历时3年左右编成。陈世骧当时尚在北京大学主修英国文学，1932年获文学学士学位，1936年起任北京大学讲师。①

《中国现代诗选》（*Mordern Chinese Poetry*）于1936年在伦敦Duckworth公司出版。阿克顿的这本英译《中国现代诗选》其实争议不少。南开大学的刘荣恩在1936年7月19日的《评〈现代中国诗选〉》一文中就激烈地批评了这个选本，认为选篇过于受到编者个人好恶的影响，他提出了李金发、汪敬之、饶孟侃等几位自己认为必当入选而未被选译的诗人，尤其提到"林庚一个人的诗竟选译了十九首之多，几占全书的五分之一"②。后来的研究者中也不乏对这个选本颇具微词的。北塔评论说："阿克顿好像还谈不上是诗歌行家，对中国诗歌，尤其是北京之外的，恐怕了解得很有限。20世纪30年代前期，经过戴望舒的努力，京派和海派的关系虽然有所结合，但隔阂依然存在，这个本子收录的大多数是京派诗人，而且是20年代就已有了席位的诗人，尤其是新月诗派，开篇第一人不是胡适（压根就没有选这位新诗开山鼻祖），也不是郭沫若（排在第七位），而是新月派中的联络员陈梦

---

① 参见陈世骧《陈世骧文存》，辽宁教育出版社1998年版。
② 刘荣恩：《评〈现代中国诗选〉》，《大公报·文艺》1936年7月19日第11版。

家,即是明证。以陈梦家开场,而以俞平伯殿后,这种排法也是闻所未闻。要知道,俞平伯比陈梦家整整大11岁,在诗坛上更是不折不扣的前辈……他没有交代为什么不选另外一些诗人的理由(比如胡适、冯至、徐玉诺甚至艾青等)。"① 北塔从学理性的角度,对阿克顿的这本选集提出了质疑,他认为既然名为"中国现代诗选",那么有代表性的中国诗人就不该因编选者的好恶和交往的亲疏来取舍,排行也不应错乱,这样的批评是相当中肯的。但是阿克顿本人似乎并无意强调选集的学术性,仅仅是把它作为让西方了解中国现代诗歌的一个普及性质的读本,因此对于学理性因素考虑较少。而且,如北塔所言,阿克顿在中国的交往圈子是很有局限的,且几乎不懂中文,编选又倚仗新月派诗人的帮助,那就难免受到编者本人兴趣和取向的影响,也就更没办法保障选集的覆盖面。尽管如此,作为最早以诗集的形式把中国新诗译介到西方的英译本,《中国现代诗选》仍然功不可没。除了在《天下月刊》发表,《中国现代诗选》中的几首诗还发表在美国著名诗歌刊物 *Poetry* 上。

从时间上看,1935年8月《天下月刊》创刊时,《中国现代诗选》的翻译工作正在进行中,阿克顿从尚未出版的译著中选了闻一多、卞之琳、戴望舒、李广田、邵洵美五人的诗作发表在了刚创刊不久的《天下月刊》上。因为这几首诗都出自同一组译者、同一个选本,因此,我们可以回到《中国现代诗选》去探讨这几首译诗。

如同他在《中国现代文学的创造精神》一文中所表现的那样,阿克顿既欣赏中国现代文学的"创造精神",也热爱中国古典文学和传统文化。他极力赞成中国现代文学继承古典文学的传

---

① [英]哈罗德·阿克顿:《〈中国现代诗选〉导言》,北塔译注,《现代中文学刊》2010年第4期。

统，并将之现代化，反对截然的割裂和彻底的颠覆。阿克顿受艾略特影响很深，在牛津大学读书时的著名事迹之一就是在宴会中高声朗诵艾略特的《荒原》，在北大任教期间，也在课堂上向学生讲授艾略特。艾略特本人非常重视传统，他在《传统与个人才能》等文章中所强调的"从来没有任何诗人，或从事任何一门艺术的艺术家，他本人就已具备完整的意义"[1]等观点，对20世纪的英国诗坛影响很大，阿克顿显然也受到了这些观念的影响。在《中国现代诗选》的导言里，他对中国新诗"光明的未来道路"的期待便承袭了艾略特的观念。他写道："西方人无法预言未来中国诗歌必须沿着什么样的线路前进，但显而易见的是：他们应该保持历史感。除了欧洲的影响，也存在着中国庞大传统中的一些大诗人的影响，两方面的影响'已经完全化合，并经过了二次提纯'，必将贡献于现代诗人的风格特征与感觉能力。"[2] 这也就解释了他偏爱新月派的理由，他写道："他们在诗歌形式方面表现出了很大的进步。在伟大的欧洲浪漫运动的庇护下，他们在重组中国诗歌传统方面留下了自己的印记。"[3]

阿克顿编译《中国现代诗选》时，与陈世骧、卞之琳等人进行选编工作，表面上看，是因为同在北大、又为师生的便利，但事实上，更深层的原因无疑是文学观念的互相认同。1971年，陈世骧发表了题为《中国的抒情传统》的著名演讲。在演讲中，他指出："中国文学与西方文学传统（我以史诗和戏剧表示它）并列，中国的抒情传统马上显露出来"，"中国文学的荣耀并不在史诗，它的光荣在别处，在抒情的传统里"。陈世骧所指的抒情传统，正是中国

---

[1] Eliot, *The Scared Wood*, London: Kessinger, 1920, p. 50.
[2] ［英］哈罗德·阿克顿：《〈中国现代诗选〉导言》，北塔译注，《现代中文学刊》2010年第4期。
[3] ［英］哈罗德·阿克顿：《〈中国现代诗选〉导言》，北塔译注，《现代中文学刊》2010年第4期。

诗歌的抒情传统。这与阿克顿的前述观点显然颇有相通之处。

在《中国现代诗选》的导言中,阿克顿沿着自己的诗歌观念,评价了若干位中国白话诗人。北塔说他没有选择胡适的诗作而未解释原因,其实并不太确切。阿克顿虽然没有明说,但他对胡适的态度在导言中是明确的。他承认胡适作为开山祖师的地位,认为中国古典诗歌在近代,确实陷入了一种类似西方18世纪时的洛可可式牢笼的束缚。对于打破这个牢笼,他认可胡适的首创之功,但是他似乎认为,胡适与传统决裂的态度如此坚决,但诗歌本身既没能做到完全断绝中国传统"从形到音都显得老式""是古代律诗幼稚的现代化",同时也没能做到真正的创造,有些"食洋不化",不过"是他钟爱的欧洲诗歌段落的改写"。这种批评的态度并不针对胡适一人。在胡适之后,阿克顿通过对代表诗人诗作的品评,提出新诗过去二十余年发展过程中出现的散文化与过分欧化的问题。阿克顿在他所结交的中国年青一代的诗人身上看到了这种东方与西方、传统与现代的结合,因此他在白话诗最早的实践者中只选择了周作人、郭沫若二人的作品,其余的13位诗人大多属于后期新月派与现代派,这个选择不仅仅是私交或者是视野使然。阿克顿的视野确实有限,但显然,即便是那些进入了他视野的作家,在他的诗歌观念指导之下被摒弃的也不在少数。在《中国现代诗选》中,入选诗作最多的正是阿克顿极为欣赏的承袭了中国古典诗歌审美传统的林庚。阿克顿认为韦利所译的《汉诗170首》让西方读者认识到了中国古典诗歌的艺术成就,但是,中国现代白话新诗中已经很少能看到传统诗歌的特点了,而林庚的诗作在使用白话语言与自由体诗歌形式的同时,成功地表现了中国古典诗歌的主题、意境、情感、直觉。[①] 他认为,

---

① Harold Acton and Chen Shih-hsiang, *Modern Chinese Poetry*, London: Duckworth, 1975, pp. 29–30.

"尽管（林庚的）这些诗用自由体及白话写成，但因为拥有中国古典诗歌的许多典型的特质，它们显得内涵更丰富：林庚先生非常崇拜王维（699—759）及苏东坡（1037—1101）"[1]。

阿克顿对胡适等人的态度也许有所偏颇，特别是作为一个对中国文化、中国新文学所学并不算精深的外国人，作此结论似乎有些托大。但他所发现的问题是确实存在的：五四新文化运动在初期以与传统坚决决裂的姿态出现，这是由当时的社会、政治、文化环境所决定的，但在发展过程中，尤其是在20世纪30年代以后，无论是文化界还是思想界都开始逐步意识到彻底的决裂一则并不可能，二则存在诸多的问题和弊病。因此，一部分人开始着手尝试在传统与现代、东方与西方间寻找一种新的融合方式。作为一名西方文化界人士，阿克顿所意识到的传统文学对新诗建设的意义，恰与此期中国诗坛一批新生代诗人的努力方向不谋而合，也与《天下月刊》的办刊理念相向而行。

《天下月刊》所选刊的《中国现代诗选》中的七首诗包括了前期新月派、后期新月派与现代派。

新诗是"五四"文学革命的突破口，1921年后，新诗逐渐站住了脚跟。在草创时期过后，诗人们开始对"新诗"进行反思。新月派从文学意义上对新诗进行"规范化"，提出"理智节制情感"与格律化，借鉴西洋诗特别是英国诗的格律来纠正自由诗放任感情泛滥的倾向。在这一过程中，新月派在西方诗歌与中国传统诗歌之间取得了历史的衔接与联系。新月派诗人依据传统美学理想而提出的新诗"和谐"与"均齐"的审美特征，纠正了早期新诗过于散漫自由的混乱状态，奠定了格律体新诗的地位。

闻一多是"新月派"的主将之一，尤其是在诗的理论和艺术

---

[1] Cyril Birch, "A short biography of Shih-hsiang Ch'en", *Journal of the American Oriental Society*, Oct. – Dec. 1971, Vol. 91, No. 4, p. 570.

第六章 《天下月刊》译介中国现代文学的重要案例

探索上贡献卓著。《天下月刊》所译载的《死水》是闻一多格律诗的代表作，也是新诗第一个十年中的成熟之作。作为"格律诗的狂热的提倡者、艺术上的唯美主义者"①，并且是"最有兴味探讨诗的理论和艺术的"②，闻一多在诗歌的形式、语调的运用、戏剧性的独白等方面对新月派影响很大。如徐志摩所说，"他们几个写诗的朋友或多或少都受到《死水》作者的影响"③。借鉴英诗格律的《死水》，此番被译作英文，可以说是中西文学交往的一次回流。而《死水》的翻译，因其突出的代表性，一定程度上弥补了前述《天下月刊》翻译现代诗歌数量不足、覆盖不广的缺憾。

在新诗第一个十年将近尾声时，象征派异军突起，成为诗坛引人注目的新兴力量。李金发是象征派的代表人物，除他之外，后期创造社的王独清、穆木天、戴望舒也都取法于法国象征派。在新文学的第二个十年间，早期的象征主义演变为现代派。现代派并无特别的纲领，而是以《现代》杂志为中心发表诗歌的一群诗人，包括各种不同的倾向，其中不少是原先"新月派"和"象征派"的成员。戴望舒此时成为"现代派"的代表诗人。阿克顿认为他崛起于闻一多之后，"位于新月派和新一代之间"，"写的是彻彻底底的自由诗，产生了强大的影响，更能代表未来的趋势"④。这里阿克顿更多的是就诗歌形式而言。而戴望舒本人"先受旧诗词的影响，后受象征派的影响"⑤，他的诗作既师法象征主义诗人如波德莱尔（戴望舒翻译了波德莱尔《恶之花》中的许多

---

① 艾青：《中国新诗六十年》，《文艺研究》1980年第5期。
② 闻一多：《渡河·自序》，转引自朱自清《中国新文学大系诗集导言》，刘运峰编《1917—1927中国新文学大系导言集》，天津人民出版社2009年版，第150页。
③ 朱自清：《中国新文学大系诗集导言》，刘运峰编《1917—1927中国新文学大系导言集》，天津人民出版社2009年版，第150页。
④ [英]哈罗德·阿克顿：《〈中国现代诗选〉导言》，北塔译注，《现代中文学刊》2010年第4期。
⑤ 艾青：《中国新诗六十年》，《文艺研究》1980年第5期。

篇章）、魏尔伦等，也有着对中国古代诗歌意象的继承与改造。艾青在《望舒的诗》一文中评价道："构成望舒的诗的艺术的，是中国古典文学和欧洲的文学的影响。"① 杜衡在《〈望舒草〉序》里也曾引用"北京的朋友"的话，称戴望舒的诗是"象征派的形式，古典派的内容"②。《天下月刊》所译载的这首发表于1932年的《我的回忆》正是他在中国与西方诗歌创作手法之间寻求平衡、在中西诗歌精神中寻求共通的一个典型之作。

在闻一多、戴望舒之后，《天下月刊》所着力推介的是李广田、卞之琳两位"汉园诗人"的作品。1936年，李广田、卞之琳与何其芳共同出版《汉园集》，由此组成"汉园诗人"。卞之琳着力"化欧"与"化古"，"倾向于把侧重西方诗风的吸取倒过来为侧重中国旧诗风的继承"③。卞之琳诗歌创作的突破不仅在于融合西方后期象征派的诗歌风格与晚唐诗风，更在于着力以哲学意识来进行诗歌创作，在哲理性上与宋诗的"理趣"相呼应。而李广田最为著名的是他所塑造的"地之子"形象。总体而言，"汉园诗人"在诗歌创作上志趣相投又和而不同，但是在致力于东西方诗学的融合这一点上是共通的。

如同阿克顿和陈世骧这样采用中外合作翻译模式翻译现代诗的，在《天下月刊》中还另有一对搭档，阿诺（Arno L. Bader）和毛如升。他们共翻译了三首现代诗歌：徐志摩的《偶然》（"Chance Encounter"）、邵洵美的《昨日的园子》（"Garden of Yesterday"）、卞之琳的《一个和尚》（"The Monk"），仍然是三篇新月派的诗作。此外，梁宗岱虽为哈罗德·阿克顿与陈世骧二人的翻译所忽略，但是《天下月刊》于1936年1月刊出他自己

---

① 艾青：《艾青选集》第3卷，四川文艺出版社1986年版，第301页。
② 杜衡：《〈望舒草〉序》，戴望舒《望舒草》，现代书局1933年版。
③ 卞之琳：《〈戴望舒诗集〉序》，戴望舒《戴望舒诗集》，四川人民出版社1981年版，第3页。

翻译的作品两首。其一为创作于 1922 年 10 月 30 日的《旧痕（一）》，原文为不分行的散文诗，英译时题目改为"Souvenir"，诗歌分行。其二为创作于 1924 年 6 月 1 日的《晚祷（二）》，只是原诗中的第二首，还有副标题"呈敏慧"。翻译时同样改动了题目，改作"Vespers"。同样具备这样英译能力的诗人邵洵美，也在 1937 年 8 月刊发了他与阿克顿合译的自己创作的长诗《声音》（"Kobe"）。

总体而言，《天下月刊》的现代诗歌英译，体现了当时中外文学交流中的两大特点：其一，大多数诗歌英译出自中外文学家的合作翻译，这种合作往往见证中外文学家的交往与友情，而诗人诗作的选择不但体现英译者的文学审美趣味，同时也是一种文学圈子的影响；其二，当时一部分现代诗人具备外文创作与翻译的能力，尤其体现在翻译诗作或者与他人合译自己诗作的诗人身上。这种翻译可以看作一种再创作，往往为仅仅经由他人的翻译所不能及。

从选题上看，《天下月刊》所译介的这些现代诗，在诗歌风格上比较统一，是《天下月刊》同人、新月派诗人、哈罗德·阿克顿等人所共同追求的中西融合的现代文学发展道路的集中体现。这样的选择带来的好处和问题都是显而易见的。优点在于，这样兼具中西方特点的诗歌对于西方读者而言，既有形式和格律上易于接受的优势，又有东方意象和情感的内在律动；缺点则在于，编者和译者的个人选择过于明显，无法呈现中国现代诗歌的全貌，代表性也不够突出，容易给西方读者留下较为偏颇的印象，不能不说是一个遗憾。

第七章　结语及余论

　　作为新中国成立之前,最为重要的由中国人主办并广泛持续发行的全英文思想文化期刊,《天下月刊》无论是在中国期刊史上还是在中西文化交流史上,都占有独特而不可替代的一席。

　　1935—1941年六年多的时间里,出于对当时"一鳞半爪"的中国现代文学译介状况的不满,也出于希望西方了解现代中国的强烈愿望,《天下月刊》通过翻译、年记、论文等形式,有计划、成规模、高水平地向西方译介中国现代文学,这是中国知识分子第一次系统性、规模化地向西方译介中国现代文学。《天下月刊》的这次译介活动,使英语世界的读者了解了中国现代文学中最为重要的一批代表作家和代表作品、及时获悉了中国文坛最新的发展状况,加快了中国现代文学海外传播的步伐。其在抗战期间对中国抗战文学的翻译,也为中国的反法西斯战争争取了国际同盟的支持。因此,对于中国现代文学的海外译介而言,《天下月刊》具有标志性的意义。

　　在本书的论述中,笔者始终关注的问题,是《天下月刊》在现代文学的译介过程中所体现出来的主体性与主体间性,以及由此产生的,他们所采取的世界性视野、民族性立场、现代性期许相结合的文化交流观念。以今天来看,《天下月刊》的现代文学

第七章　结语及余论

译介活动是相当勇敢的：文化势差下，目标语缺乏文化输入的主观意愿；战争状况下，译介的客观条件颇为受限；文化的巨大差异使译文受到读者的接受和认可更是困难……在如此艰难的历史条件下，他们如何以弱势之地位，取坚定之站位，将自己的文化交流观念贯穿在办刊、翻译、文化交往的实践当中？

1985年，陈平原、黄子平、钱理群在"'20世纪中国文学'三人谈"系列文章①中提出："过去我们对中国文学如何受外国影响研究得较多，很少研究'世界文学中的中国文学'，即研究中国文学汇入世界文学总体系统后产生的质变，以及本世纪中国文学对世界文学的贡献和影响。"笔者在本书中所进行的探索，可以说是上述问题的"前问题"，即中国文学是如何汇入世界文学的？在这个汇入的过程中，当时的人们做出了哪些努力？发生过什么？遇到过什么问题？有过哪些妥协和坚持？有什么经验和教训？或者，更进一步地说，我们用"汇入"来形容这一过程，是否成立？作为一本旨在"向西方阐释中国"的刊物，《天下月刊》可以作为观察这一系列问题的有效侧面。当然，这是一组太大的问题，《天下月刊》的现代文学译介活动只是这个问题的一个小的管窥。《天下月刊》同人在创刊、办刊过程中时刻坚持的世界性视野与民族性立场的结合以及在译介鲁迅、沈从文、曹禺等人的作品时所携带的立场、所遭遇的问题，正是对陈、黄、钱几位先生所提出的"世界眼光"和"民族意识"的呼应。

如陈思和所指出的那样，"世界性因素"作为研究者思考20世纪中外文学关系的理论思考背景，存在着两个依次递进的思维视角，首先是承认"世界/中国"（"影响者/接受者"）的文化结

---

① 包括《"20世纪中国文学"三人谈·缘起》《世界眼光——"20世纪中国文学"三人谈》《20世纪中国文学三人谈——民族意识》，分别载于《读书》1985年第10、11、12期。

构与关系；其次是进一步揭示出在这样一个关系场中，中国不是被动地接受与"被影响"，而是具有自身的主体性。[①] 从这个维度上讲，《天下月刊》作为中国现代文学交流史上为数不多的"主动出击"，它所体现的主体性与主体间性，更是一个值得关注的话题。《天下月刊》同人作为兼通中西方文化的"Cosmopolitan"，本身又是一个特殊的、复杂的传播主体，这赋予了《天下月刊》的现代文学译介活动更丰富的层次和讨论价值。当然，在六年的出版历程中，《天下月刊》的编委会阵容几经变换，它的供稿人身份更是多元的、跨国的，我们不可能以一个整齐划一的面貌、一个简单的口号来概括其全部的译介活动，那无异于缘木求鱼，但总体而言，《天下月刊》在现代文学的译介方面，保持了较为一致的风格和理念，即世界性视野基础上鲜明的文化主体性立场。

　　由此出发，《天下月刊》同人始终坚持对现代中国的介绍。这是他们处理民族性与现代性内在紧张关系的方式，也是《天下月刊》同人对中国文化现代化路径的想象与设计。《天下月刊》介绍中国古代文化的比重不小，但他们始终坚持并强调对中国现代文化的译介，希望将现代中国的文学、文化介绍出去，借此打破西方对中国陈旧的、"前现代"的固有认知。因此，现代文化始终在他们的视域之内，他们既批评中国现代文化只重模仿、不重创造，但也为中国现代文化的价值辩护；在译介中国现代文学作品时，更是非常注重"现代性""民族特性"与"世界视野"的结合。《天下月刊》的现代文学译介活动，始终是意图清楚、目标明晰的。他们不仅仅将现代文学的译介当作文本到文本的翻译活动，更将其视作在世界文学的场域内"阐释现代中国"，建构中国文学乃至中国国家现代形象的手段。刘禾在《跨语际实

---

① 陈思和：《20世纪中外文学关系研究中的"世界性因素"的几点思考》，《中国比较文学》2001年第1期。

第七章 结语及余论

践——文学，民族文化与被译介的现代性（中国，1900—1937）》一书中写道，五四作家大幅度转向欧洲文学，"目的是要学会怎样生产一部民族经典，既值得被世界文学接受，也值得被西方评估"[①]。不过，五四作家没能完成的任务是，他们生产的"民族经典"，必然需要通过翻译才能被世界文学了解。从这个意义上讲，《天下月刊》同人与五四作家们，实际上形成了一种"接力"，他们在创作与翻译的不同领域，以不同的方式，共同为中国文学和文化的现代性转型努力着。

同时，《天下月刊》作为一个平台，及时有效地沟通了中西方学术界与文化界。它的编辑群体以归国知识分子为主，许多人本身就是中西方文化交流场域中的重要人物；它的发行机构别发洋行是当时重要的汉学著作出版机构，具有联络中西同人的能力；它的支持机构中山文教馆，在"文化沟通之使命"的指导下，为它提供稳定的资金支持。在当时有限的社会经济条件下，《天下月刊》算得上是条件优渥。它也因此得以广泛地吸纳国内、国际优质稿源，在20世纪30年代的中国本土建构起一个兼具国际性、专业性、普及性的公共文化交流空间，实现了中国人主持下的东西方学术界、文化界的对话与交流，并在抗战期间将中国的抗日文学汇入世界反法西斯文学的洪流当中。

本书虽然以《天下月刊》为研究中心，但在论述中，实际上并未局限在《天下月刊》这一本刊物、局限在吴经熊、温源宁、姚莘农等几位《天下月刊》同人上，而是将叙述面扩展到了20世纪30年代中西方文化交往的场域，比如哈罗德·阿克顿在中国的交往、凌叔华与布鲁姆斯伯里集团的联系、别发洋行对中西文化交流的贡献、上海的英文报刊群等。在中西方文化交流中，

[①] 刘禾：《跨语际实践——文学，民族文化与被译介的现代性（中国，1900—1937）》，生活·读书·新知三联书店2002年版，第270页。

《天下月刊》既是这个场域中的一个重要平台，也是观察这个网络的一个引子、一个窗口，透过它，既可以看到中国现代文学是怎样与世界文学、与世界发生联系和共鸣的，也可以管窥20世纪30年代中外文化交往的一隅。

《天下月刊》的中国现代文学译介，实际上是一种"中国叙事"。将近一百年前，以《天下月刊》同人为代表的中国知识分子，面临的如何在世界格局中发出中国声音，如何获得话语权的问题，时至今日仍然存在。虽然今日之中国早非昔日之中国，但在国际舆论场上，西方话语仍然占据着先发优势，而这种先发优势又发展成结构性优势，使得其他话语很容易受到压制。因此，作为将中国文化、文学输出到国外的先驱，《天下月刊》在中国现代文学译介中所摸索出的在与西方的差异中既寻求认同，又坚持自我的道路，或许可以给我们今天所倡导的文明互鉴、塑造"可信、可敬、可爱"的中国形象提供可资借鉴的经验与思考。

参考文献

一 中文参考文献

［美］埃德加·斯诺编：《活的中国——现代中国短篇小说选》，文洁若译，湖南人民出版社1983年版。

艾青：《中国新诗六十年》，《文艺研究》1980年第5期。

艾青：《艾青选集》第3卷，四川文艺出版社1986年版。

曹伯言整理：《胡适日记全编》（6），安徽教育出版社2001年版。

曹禺：《雷雨》，文化生活出版社1936年版。

陈世骧：《陈世骧文存》，辽宁教育出版社1998年版。

陈思和：《20世纪中外文学关系研究中的"世界性因素"的几点思考》，《中国比较文学》2001年第1期。

陈学勇：《中国儿女——凌叔华佚作·年谱》，上海书店出版社2008年版。

陈衍：《论中国宜设洋文报馆》，杨家骆编《戊戌变法文献汇编》第三册，鼎文书局1973年版。

戴望舒：《望舒草》，现代书局1933年版。

戴望舒：《戴望舒诗集》，四川人民出版社1981年版。

董炳月：《翻译主体的身份和语言问题——以鲁迅与梁实秋的翻译论争为中心》，《鲁迅研究月刊》2008年第11期。

董炳月：《幼者本位：从伦理到美学——鲁迅思想与文学再认识》，《齐鲁学刊》2019年第2期。

费冬梅：《沙龙———种新都市文化与文学生产（1917—1937）》，北京大学出版社2016年版。

戈公振：《中国报学史》，中国传媒大学出版社2016年版。

郭沫若：《关于曹禺的〈雷雨〉》，田本相、胡叔和编《曹禺研究资料》，中国戏剧出版社1991年版。

［英］哈罗德·阿克顿：《〈中国现代诗选〉导言》，北塔译注，《现代中文学刊》2010年第4期。

韩侍桁：《我的经历与交往》，《新文学史料》1987年第3期。

洪深：《洪深文集》，中国戏剧出版社1959年版。

黄海涛：《别发洋行考：兼论中国近代知识分子与别发洋行》，郑培凯、范家伟主编《旧学新知集：香港城市大学中国文化中心十周年论文集》，广西师范大学出版社2008年版。

［美］金介甫：《沈从文与三种类型的现代主义流派》，黄启贵、刘君卫译，《吉首大学学报》（社会科学版）2005年第4期。

黎保荣：《鲁迅〈自由谈〉稿酬考证及其启发意义》，《新文学史料》2008年第2期。

林寒流：《1935年之中国剧坛鸟瞰》，《绸缪月刊》1936年第5期。

林太乙：《林语堂传》，中国戏剧出版社1994年版。

凌叔华：《花之寺·女人·小哥儿俩》，人民文学出版社1986年版。

刘洪涛：《〈边城〉：牧歌与中国形象》，《文学评论》2002年第1期。

刘西渭：《〈雷雨〉——曹禺先生作》，田本相、胡叔和编《曹禺研究资料》，中国戏剧出版社1991年版。

鲁迅、茅盾选编：《草鞋脚》，湖南人民出版社1981年版。

鲁迅：《鲁迅全集》，人民文学出版社2005年版。

鲁迅等：《〈中国新文学大系〉小说二集导言》，刘运峰编《1917—

1927 中国新文学大系导言集》，天津人民出版社 2009 年版。

罗荪：《抗战文艺运动鸟瞰》，苏光文编选《文学理论史料选》，四川教育出版社 1988 年版。

马祖毅、任荣珍：《汉籍外译史》，湖北教育出版社 2003 年版。

南京市档案馆、中山陵园管理处编：《中山陵档案史料选编》，江苏古籍出版社 1986 年版。

聂文静：《归化异化视角下〈雷雨〉两个英译本的比较研究》，硕士学位论文，北京外国语大学，2017 年。

[美] 帕特丽卡·劳伦斯：《丽莉·布瑞斯珂的中国眼睛》，万江波、韦晓保、陈荣枝译，上海书店出版社 2008 年版。

钱理群、黄子平、陈平原：《"20 世纪中国文学"三人谈·缘起》，《读书》1985 年第 10 期。

钱理群、黄子平、陈平原：《20 世纪中国文学三人谈——民族意识》，《读书》1985 年第 12 期。

钱理群、黄子平、陈平原：《世界眼光——"20 世纪中国文学"三人谈》，《读书》1985 年第 11 期。

钱杏邨：《"花之寺"：关于凌叔华创作的考察》，《海风周报》1929 年第 2 期。

萨空了：《香港沦陷日记》，生活·读书·新知三联书店 1985 年版。

邵绡红：《我的爸爸邵洵美》，上海书店出版社 2005 年版。

邵洵美（署名浩文）：《永久的建筑》，《金屋月刊》1929 年第 3 期。

邵洵美：《不朽的故事》，《人言周刊》1936 年第 45 期。

邵洵美：《神巫之爱》，《金屋月刊》1929 年第 6 期。

邵洵美：《谈翻译》，《人言周刊》1934 年第 43 期。

邵洵美：《伟大的晦涩》，《人言周刊》1936 年第 4 期。

邵洵美：《文学与政治》，《人言周刊》1934 年第 38 期。

沈从文：《沈从文全集》，北岳文艺出版社 2002 年版。

[美] 史书美：《现代的诱惑》，江苏人民出版社2007年版。

孙轶旻：《别发印书馆与近代中西文化交流》，《学术月刊》2008年第7期。

田本相：《曹禺剧作论》，广西师范大学出版社2010年版。

[美] 王际真：《英译本〈鲁迅小说选〉导言》，陈圣生译，中国社会科学院文学研究所国外中国学（文学）研究组编《国外中国文学研究论丛》，中国文联出版公司1985年版。

王荆：《国民党"密令"和鲁迅研究》，《鲁迅研究月刊》1993年第1期。

王璞：《项美丽在上海》，人民文学出版社2005年版。

王颖冲：《中文小说英译研究》，外语教学与研究出版社2018年版。

温源宁：《一知半解及其他》，南星译，辽宁教育出版社2001年版。

文洁若：《"萧乾作品选"序言》，《书屋》2002年第5期。

吴经熊：《内心悦乐之源泉》，林显庭译，东大图书有限公司1981年版。

吴经熊：《唐诗四季》，徐诚斌译，辽宁教育出版社1997年版。

吴经熊：《超越东西方》，周伟驰译，社会科学文献出版社2002年版。

吴经熊：《中国哲学之悦乐精神》，朱秉义译，上智出版社1999年版。

伍斌：《〈怀旧〉——探索"国民的灵魂"的最初尝试——兼与部分研究者商榷》，《鲁迅研究月刊》1994年第12期。

武燕军：《抗战时期的国际宣传处》，《民国档案》1990年第2期。

[美] 夏志清：《王际真和乔志高的中国文学翻译》，《现代中文学刊》2011年第1期。

萧乾口述，傅光明采访整理：《风雨平生——萧乾口述自传》，北京大学出版社1998年版。

谢天振、查明建主编：《中国现代翻译文学史（1898—1949）》，上海外语教育出版社2004年版。

谢天振：《国内翻译界在翻译研究和翻译理论认识上的误区》，《中国翻译》2001年第4期。

徐友春主编：《民国人物大辞典》（增订本），河北人民出版社2007年版。

杨静远：《弗·伍尔夫至凌叔华的六封信》，《外国文学研究》1989年第3期。

杨义：《作为文化现象的京派与海派》，《海南师范学院学报》（人文社会科学版）2001年第2期。

姚莘农：《〈鲁迅日记〉的两条诠注》，姚莘农《坐忘斋新旧录》，海豚出版社2011年版。

《姚克也去苏联，并想到伦敦巴黎去》，《影与戏》1937年第34期。

姚莘农：《从〈清宫怨〉英译本谈起》，姚莘农《坐忘斋新旧录》，海豚出版社2011年版。

姚莘农：《李贺诗歌散论》，《明报月刊》1967年第124期。

姚莘农：《我为什么译〈雷雨〉》，《中流》1937年第2期。

姚莘农：《坐忘斋新旧录》，海豚出版社2011年版。

姚莘农：《从憧憬到初见——为鲁迅先生逝世三十一周年作》，《纯文学》1967年第7期。

姚湘：《两种文化，一个世界——埃德加·斯诺与我父亲姚莘农的友谊》，王建国译，《鲁迅研究月刊》1992年第8期。

张庚：《1936年的戏剧——活时代的活记录》，《张庚文录》（第一卷），湖南文艺出版社2003年版。

赵稀方：《翻译现代性：晚清到五四的翻译研究》，南开大学出版社2012年版。

赵稀方：《翻译与现代中国》，复旦大学出版社2018年版。

赵毅衡：《对岸的诱惑：中西文化交流人物》，知识出版社 2003 年版。

中国第二历史档案馆编：《中华民国史档案资料汇编》第五辑，江苏古籍出版社 2013 年版。

中国翻译工作者协会翻译通讯编辑部：《翻译研究论文集 1949—1983》，外语教学与研究出版社 1984 年版。

周劭：《姚克和〈天下〉》，《读书》1993 年第 2 期。

周作人：《嚼字》，《京报副刊》1925 年 1 月 19 日第 2 版。

朱传誉主编：《孙科传记资料》（一），台北：天一出版社 1979 年版。

朱光潜：《论自然画与人物画——凌叔华作〈小哥俩〉序》，《朱光潜全集》第 9 卷，安徽教育出版社 1993 年版。

朱自清：《中国新文学大系诗集导言》，刘运峰编《1917—1927 中国新文学大系导言集》，天津人民出版社 2009 年版。

二　英文参考文献

Chi-Chen Wang, "Lusin: A Chronological Record", *China Institute Bulletin*, Vol. 3, No. 1, 1939.

China Heritage Quarterly, No. 19, 2009.

Eliot, *The Scared Wood*, London: Kessinger, 1920.

Far Eastern Mirror, Vol. 1, No. 1, 1938.

Harold Acton and Chen Shih-hsiang, *Modern Chinese Poetry*, London: Duckworth, 1975.

Harold Acton, *Memories of an Aesthete*, London: Methuen, 1948.

Journal of the Shanghai Literary and Scientific Society, Vol. 1, No. 1, 1858.

Ku Hung-Ming, *The Discourse and Sayings of Confucius*, Shanghai:

Kelly & Walsh Ltd. , 1898.

Lao Tzu, *Lao Tzu Tao Teh Ching*, trans. John C. H. Wu, ST. New York: John University Press, 1961.

Lawrence Venuti, *Rethinking Translation: Discourse, Subjectivity, Ideology*, London and New York: Routledge, 1992.

Lu Hsun, *The True Story of Ah Q*, trans. Leung, George Kin, Shanghai: The Commercial Press Limited, 1926.

Schluz, Hanz-Joachim & Philip H. Rhein, eds. *Comparative Literature: The Early Years*, Baltimore: The University of North Carolina Express, 1973.

T'ien Hsia Monthly, 1935 – 1941.

The China Critic, Vol. 15, No. 12, 1936.

The China Journal, Shanghai: The China Journal Press, 1923.

The China Press Weekly, Vol. 1, No. 13, 1935.

The China Quarterly, Vol. 1 (1935 – 1936), Shanghai: China Quarterly Co.

The China Quarterly, Vol. 2 (1936 – 1937), Shanghai: China Quarterly Co.

The Chinese Year Book, Shanghai: The Commercial Press Ltd. , 1935.

Transactions of the China Branch of the Royal Asiatic Society, Hongkong: China Mail Office, 1847.

Tsao Yu, *Thunderstorm*, Trans. Wang Tso-Liang and A. C. Barnes, Beijing: Foreign Language Press, 1958.